Memories and Mirages

Memoires et Mirages

Erinnerungen und Trugbilder

ВОСПОМИНАНИЯ
И МИРАЖИ

Other books by
ABIE ALEXANDER

AN AMERICAN IN SEARCH OF GOD
CHASING THE WIND
SOMETIMES WHEN WE MEET
FOR THE LOVE OF ARMINE
THE MIGRANT AND THE MAVERICK
OF MINGLED YARN

Memories and Mirages

Abie Alexander

All rights reserved. No part of this book may be reproduced or transmitted in any form or by any means, electronic, mechanical, magnetic, photographic including photocopying, recording, or by any information storage and retrieval system, without the prior written permission of the copyright holder. No liability is assumed for damages resulting from the use of any information contained herein.

Copyright © 2011 Abie Alexander

First published 2011　　Infinity Publishing, PA, USA

Print	978-1-946593-42-9
EPUB	978-1-946593-12-2
AZW3	978-1-946593-13-9
MOBI	978-1-946593-14-6
PDF	978-1-946593-15-3

Published in the United States of America

This is a work of fiction. The characters, incidents, and locations described in this work (other than references to historical persons and events or actual places) are the products of the author's imagination and any resemblance to persons, living or dead, or real events or places is purely coincidental.

AA
BOOKS

7919 Mandan Road #103
Greenbelt, Maryland. USA 20770-2828
+1 (301) 335-5632
aa-books@outlook.com
www.abiealexander.com

Contents

The Coffee Hourglass 2
Winter and Summer 12
Crepe Myrtle 22
The Tramways of Yore 32
Larnaca Beach 42
The Armenian Visa 52
Strike Two! 62
The Pheromone of Food 72
Cyrillic and Old French 82
The Separated Goose 92
The Queen of Hearts 102
As Time Flows By 112
Repast and Remorse 122
The Ghosts of Jung 132
September 11, 2010 142
Chance Meeting 152
The Forsaken Field 162
Love's Evanescence 172
Beslan's Tree of Grief 182
The Last Ride 192
Common Ground 203

Notes 218

Memoires et Mirages

Abie Alexander

Traduit de l'anglais par
Mary Guibert
&
Jeanne Kent

Table des matières

Le Sablier à café 4
Hiver et été 14
Myrte de crêpe 24
Les Tramways d'antan 34
La Plage de Larnaca 44
Le Visa d'Arménie 54
Deuxième prise! 64
La Phéromone de la nourriture 74
L'Alphabet cyrillique et le vieux français 84
L'Oie séparée 94
La Reine des cœurs 104
Le Passage du temps 114
Repas et remords 124
Les Fantômes de Jung 134
Le 11 Septembre 2010 144
Rencontre fortuite 154
La Rizière abandonnée 164
Amour éphémère 174
L'Arbre de chagrin de Beslan 184
La Dernière promenade 194
Terre commune 207

Notes 226

Erinnerungen und Trugbilder

Abie Alexander

Übersetzt von
Thomas & Manuela Giebel

Inhalts

Die Kaffee-Sanduhr 6
Winter und Sommer 16
Kreppmyrte 26
Die Straßenbahnen von eins 36
Der Strand von Larnaka 46
Das armenische Visum 56
Der zweite Strike 66
Vom Glück des Essens 76
Kyrillisch und Altfranzösisch 86
Die verlorene Gans 96
Die Herzkönigin 106
Zeit, die verrinnt 116
Schlechtes Gewissen 126
Der Geist von Jung 136
Der 11. September 2010 146
Ein zufälliges Treffen 156
Das verlassene Feld 166
Ewige Liebe 176
Beslans Baum der Trauer 186
Letzter Ausflug 196
Gemeinsamer Boden 211

Anmerkungen 234

ВОСПОМИНАНИЯ И МИРАЖИ

Аби Александр

Перевела на русский язык
Лиана Иремадзе

СОДЕРЖАНИЕ

КОФЕЙНЫЕ ЧАСЫ 8
ЗИМА И ЛЕТО 18
АЛЕНЬКИЙ ЦВЕТОЧЕК 28
ТРАМВАИ ПРОШЛОГО 38
ЛАРНАКА БИЧ 48
ВИЗА АРМЕНИИ 58
ДВОЙНОЙ УДАР 68
ФЕРОМОН ЕДЫ 78
КИРИЛЛИЦА И СТАРО-ФРАНЦУЗСКИЙ 88
ОДИНОКИЙ ГУСЬ 98
ДАМА ЧЕРВЕЙ 108
ТАК МИМОЛЕТНО ВРЕМЯ 118
ТРАПЕЗА И СОЖАЛЕНЬЕ 128
ПРИЗРАК ЮНГ 138
11 СЕТТЯБРЯ, 2010 148
СЛУЧАЙНАЯ ВСТРЕЧА 158
ЗАБРОШЕННОЕ ПОЛЕ 168
НЕДОЛГОВЕЧНАЯ ЛЮБОВЬ 178
ДЕРЕВО СКОРБИ БЕСЛАНА 188
ПОСЛЕДНЯЯ ПОЕЗДКА 198
ОБЩАЯ ЗЕМЛЯ 215

Примечания 242

This collection of poems is dedicated to a dear friend who, though unnamed, will know, without the shadow of a doubt, that it is for her, and her only.

~~~

Ce recueil de poèmes est dédié à une chère amie qui, bien qu'elle ne soit pas identifiée, saura sans le moindre doute, que c'est pour elle, et elle seule.

~~~

Diese Gedichtssammlung ist einer guten Freundin gewidmet. Auch wenn sie namentlich nicht erwähnt wird, wird sie ohne Zweifel wissen, dass es für sie ist und nur für sie.

~~~

Этот сборник стихов посвящается дорогому другу, чье имя не указано, но, вопреки всему , без тени сомнения поймет , что это - для нее

01

The Coffee Hourglass

Le Sablier à café

Die Kaffee-Sanduhr

КОФЕЙНЫЕ ЧАСЫ

The Coffee Hourglass

Abie Alexander

I measure time by the coffee left in the bottle,
A spoon every morning, waking up;
That Colombian was bought just for you,
But you preferred herbal tea with jam instead.

Just shows how little I knew you before.

It's now two months since you left -
The coffee's gone, but the ache has grown.

Le Sablier à café

Abie Alexander

Je mesure le temps par le café restant dans le bocal ;
Une cuillerée chaque matin, en me réveillant.
Ce colombien on l'a acheté exprès pour toi,
Mais tu préférais les infusions avec confiture.

Ça montre bien le peu que je te connaissais.

Il y a maintenant deux mois que tu es partie ;
Le café est épuisé mais la peine ne fait que croître.

Die Kaffee-Sanduhr

Abie Alexander

Zeit messe ich mittels des verbliebenen Kaffees in der Dose;
Ein Löffel jeden Morgen - zum Wachwerden,
Der gute Kolumbianische wurde extra für Dich gekauft.
Jedoch, Du bevorzugst Kräutertee mit Marmelade.

Dies zeigt schlicht, wie wenig ich vorher von Dir wusste.

Nun sind es zwei Monate seit Du gingst
Der Kaffee ist verbraucht, aber der Schmerz gewachsen.

КОФЕЙНЫЕ ЧАСЫ

Abie Alexander

Каждым утром по ложечке
Я время кофем отмеряю,
Чуть-чуть оставшего на дне кофейной баночки.
Он - колумбийский, для тебя,
Тебе он предназначен был,
Ты же - чай травяной с вареньем предпочла.

Как очевидно, что тебя
Я мало прежде знал!
И вот, два месяца уже ,
Как тебя нет
И кофе вышел весь
Вот только в сердце беспокойном
Все нарастает боль неугомонно.

.

02

Winter and Summer

Hiver et été

Winter und Sommer

ЗИМА И ЛЕТО

Winter and Summer

Abie Alexander

Hard to believe it's been only six months
Since that wretched snowy day in January,
When I slipped in the morning dark
On the top step of the porch and fell,
The head missing the last stone by an inch.

You were all anxiety then, miles away,
And warmed my heart in winter's cold.

Now that spring is past I broach my visit,
But you are noncommittal;
"All are welcome in my country," you say.
It is now summer and blazing hot;
And that cold stone is now your heart.

Hiver et été

Abie Alexander

Difficile de croire que ça ne fait que six mois
Depuis ce misérable jour enneigé de janvier
Où dans l'obscurité matinale j'ai glissé
Sur la dernière marche du porche et je suis tombé
La tête manquant la dernière pierre de deux centimètres.

Loin de moi, tu étais alors pleine d'inquiétudes,
Me chauffant le cœur contre le froid de l'hiver.

Le printemps maintenant passé je suggère une visite
Mais ta réponse ne t'engage à rien.
 « Tous sont bien accueillis dans mon pays, » dis-tu.
Voici maintenant l'été avec sa chaleur accablante
Et cette pierre froide à présent c'est ton cœur.

Winter und Sommer

Abie Alexander

Kaum zu glauben, erst sechs Monate
Seit jenem unglücklichen, verschneiten Januartag
Als ich im Morgendunkel rutschte
Auf der obersten Stufe der Veranda und fiel.
Mein Kopf verfehlte den letzten Stein um Millimeter.

Du warst damals Verlangen, Meilen entfernt.
Aber wärmtest mein Herz - in der Kälte des Winters.

Jetzt, da der Frühling vorüber ist, starte ich meinen Besuch
Aber Du bist zurückhaltend,
Und sagst: „Jeder ist willkommen in meinem Land."
Nun ist es Sommer und brütend heiß.
Und jener kalte Stein ist nun Dein Herz.

ЗИМА И ЛЕТО

Abie Alexander

Прошло шесть месяцев уже, невероятно!
С тех пор , когда январским снежным,
Ранним, темным утром
Я у порога оступился, забыв,
Что там, в ступеньке камня
На целый дюйм не доставало.

Хоть и была ты в многих милях от меня,
Издалека мне душу
Своим присутствием волновала
И в стужу сердце согревала.

Весна почти прошла,
Визит к тебе мне мысли ворошит.
Неугомонна ты!
" Ты приезжай, Я жду тебя!" -
Так каждый день ты неустанно повторяла.

А вот и лето, повсюду страшный зной.
Сердце теперь твое - январский мерзлый камень тот.

03

Crepe Myrtle

Myrte de crêpe

Kreppmyrte

АЛЕНЬКИЙ ЦВЕТОЧЕК

Crepe Myrtle

Abie Alexander

The condo fees are high, but they keep a pretty lawn,
Well mowed; the grass not a fraction higher than allowed.
I always wondered about that lone, young plant in the middle,
With no flowers, and few leaves; only grass around it for yards.

The plebeian perennials along the far edges
Succumbed to the first touch of spring;
You turned your nose up at all of them –
Even early summer did not break your resolve.

But today as I trudged home from the parking lot,
Perspiring in mid-summer's sweltering heat,
I stood transfixed at the sight of you, all changed –
Swathed in pale pink flowers, the Tsarevna of the garden.

Perhaps you will relent too and our love will bloom.

Myrte de crêpe

Abie Alexander

Les charges de l'immeuble sont élevés, mais la belle pelouse est bien entretenue,
Bien tondue, le gazon ne dépassant pas d'un poile les normes.
J'étais toujours curieux à l'égard de ce jeune arbre seul au milieu
Sans fleurs, à peu de feuilles ; entouré d'un étendu de gazon.

Ces vivaces plébéiennes le long des bordures
Ont succombé aux premiers soupçons du printemps
Tu les as toutes regardées avec dédain.
Même le début d'été n'a pas rompu ta résolution.

Mais aujourd'hui en rentrant péniblement du parking
Transpirant de la canicule écrasante
Je restai cloué sur place en te voyant toute changée
Enveloppée de fleurs roses pales, la Tsarevna du jardin.

Et vous, aussi, vous vous adoucirez peut-être pour que notre amour s'épanouisse.

Kreppmyrte

Abie Alexander

Hoch sind die Preise für Eigentumswohnungen, dafür hat man einen wunderschönen Rasen.
Gut gemäht - das Gras nicht ein klein bisschen höher als die Norm.
Mich faszinierte schon immer dieser einsame, junge Baum in der Mitte.
Ohne Blüten und nur wenig Blätter, weit und breit nur Raum.

Die einfachsten Blütenstauden an den entlegensten Ästen
Erliegen dem ersten Hauch des Frühlings
Du hast Dich von all dem abgewandt
Selbst der Frühsommer konnte Deinen Entschluß nicht aufheben

Doch heute – als ich vom Parkplatz heim stapfte
Schwitzend in der Schwüle des Hochsommers
Da stand ich wie angewurzelt da, bei Deinem Anblick – der alles verwandelt.
Gehüllt in zart rosa Blüten; die Zarin des Gartens.

Vielleicht wirst Du ebenfalls nachgeben und dann wird unsere Liebe blühen.

АЛЕНЬКИЙ ЦВЕТОЧЕК

Abie Alexander

Царевна сада! Аленький Цветочек!
Расцвел средь парка в городской пыли...
В такое пекло! В летнюю жару!
Один. средь строго аккуратно
Остриженной по корень в ряд травы.
С поры весенней взор мой привлекая,
Лениво, одиноко возвышаясь,
Среди тянувшихся
На ярды трав плебейских
И ни единного цветочка! Ни листвы!
Ни лето раннее и, даже, ни весна
Цвести ее заставить не сумели.
Не суждено было величью распуститься.
Но сегодня!
Бредя домой с работы через парк,
Ошеломленный, я онемел,
Прикован к месту был я,
Стал рядом...Как! все вокруг
Вдруг сразу явно изменилось!
Наряд Царевны сада , пурпурный,алый
Собой украсил , оживил округу...

Возможно, ты преобразишься тоже также?
Любви моей в лицо взглянув,
Царевна,
Оживив ее однажды,...?

04

The Tramways of Yore

Les Tramways d'antan

Die Straßenbahnen von eins

ТРАМВАИ ПРОШЛОГО

The Tramways of Yore

Abie Alexander

They pulled out all the communist tram tracks in our town
And asphalted them over into broad capitalist roadways.

Outnumbered, Lada's Zhigulis and Nivas offered little resistance,
Though there are still many around – like the proletariat faithful –
Who look wistfully back on bygone egalitarian days,
When everyone had a job and a roof over their heads,
And a car was the status symbol only of the oligarchic few.

The invading horde of Germans and Japanese throng the streets now;
And pollution and congestion have sadly addled the initial joy.

You love your Golf dearly and don't miss the trams a bit, I know.
At another time and another place, you jumped out of one midway,
And I had to follow suit and complete the journey by bus instead.

I am apolitical and struggle to decide which is better;
But wonder if the smog in the air is the price we pay
For the unfettered and fearless freeway of the mind?

All that remains are the meaningless overhead lines
Like the clinging vestiges of our own vanished love.

Les Tramways d'antan

Abie Alexander

Ils ont arraché toutes les voies de tramway dans notre ville
Et le goudron les a transformées en grandes routes capitalistes.

Moins nombreuses maintenant, les Zhigulis et Nivas resistent peu
Bien qu'il en reste beaucoup—comme les fidèles du prolétariat
Qui songent avec nostalgie aux jours lointains de l'égalité
Où chacun avait un travail et possédait un toit
Et la voiture marquait le standing d'une petite oligarchie.

Maintenant la horde envahissante d'Allemands et de Japonais remplissent les rues
Et hélas, pollution et congestion ont diminué la joie initiale.

Toi, tu tiens à ta Golf, et les trams ne te manquent pas du tout, je sais.
Dans un autre temps et dans un autre endroit, tu en es sorti à mi-chemin
Et j'ai dû te suivre et compléter le trajet en autobus.

Etant apolitique je lutte à m'expliquer lequel est meilleur ;
le smog dans notre air est-il le prix que l'on paie
Pour cette autoroute de l'esprit sans entrave et sans crainte ?

Tout ce qui nous reste ce sont les fils aériens dénués de sens
Comme les vestiges tenaces de notre amour disparu.

Die Straßenbahnen von eins

Abie Alexander

Sie haben in unserer Stadt alle kommunistischen Straßenbahnen
herausgerissen
Und sie mit breiten kapitalistischen Straßen zu betoniert

Die letzten Lada Zhigulis und Nivas leisten wenig Wiederstand;
Obwohl noch viele von ihnen unterwegs sind – genauso wie die
letzten treuen Genossen.

Sie blicken wehmütig zurück – auf die vergangenen Tage dern
Gleichheit -
Damals als noch jeder eine Arbeit hatte und ein Obdach.
Das Auto war nur das Statussymbol der oberen Zehntausend.

In den Straßen drängen sich einfallende Horden von Deutschen und
Japanern;
Zur anfänglichen Freude gesellten sich als bald Verschmutzung und
Staus.

Ich weiß, Du liebst Deinen Golf, und vermisst die Straßenbahnen
nicht.
Zu einer anderen Zeit, an einem anderen Ort sprangst Du auf halben
Weg aus einer;
Ich musste Dir folgen und die Reise im Bus vollenden.

Unpolitisch wie ich bin, fällt es mir schwer das Bessere zu benennen;
Doch ich frage mich, ob der Smog der Preis ist,
Für die gefahrlose und freie Autobahn der Gedanken.

Alles was bleibt sind die nutzlosen Stromleitungen,
Wie die verklebten Fäden unserer eigenen vergangenen Liebe.

ТРАМВАИ ПРОШЛОГО

Расковыряв пути трамвайных линий,
Служивших столь исправно и надежно
Еще с времен Социализма...
Взамен повсюду в наших городах
Дороги выстланы асфальтом
Ровным, прочным и добротным,
Точь-в-точь таким, как сам Капитализм.

Abie Alexander

Столь многочисленные
" Лады", "Жигули" и "Нивы"-
Достойные предметы роскоши
Немногих алигархов лишь,
Мелькают и сегодня там и сям,
Напоминая пролетариат,
Глядевший ностальгично в былые времена,
Когда над головой и кров, и дом
Да, ...и работа,... , хоть какая...
По пенсионной выслуге - машина,
Статус символичный!
... Вот так тянулась праздно жизнь...

Сегодня ж , орды
Японских и американских,
Немецких и французских,
Итальянских, новейших,
Дорогих автомобилей
Дороги улиц заполонили!
Жизнь изменилась, ценности иные.

Бывало,
Спрыгнешь с пол-пути с трамвая,
Или в автобус с ходу , на бегу
Запрыгнешь в настежь дверь,
Свой довершая путь.

В политике я - не силен!
Но мысли сами лезут в лоб:
Если смог , скорость
Столь пагубны ,
Если моторов гул и улиц духота
Столь резко все живое поражает,-
Вопрос мой - вот какой:
Всем ценностям, поставленным на чашу,
Не слишком ли завышена цена?

05

Larnaca Beach

La Plage de Larnaca

Der Strand von Larnaka

ЛАРНАКА БИЧ

Larnaca Beach

Abie Alexander

The sea was full that early-autumn night,
When, well past midnight, we trespassed
On the ghostly beach of bare chaise loungers
Denuded of their skimpily clad occupants;
Row after row of them, stretching beyond the bend,
All glowing white in the soft moonlight.

Gone were the throngs of northern sun-worshippers,
Long since trailed their god to their hotel beds.
We had the whole beach to ourselves, just the two of us;
You smiled nervously at the irony of our midnight attire –
Business casual from the post-conference dinner party –
When in broad daylight people went undressed here.

I had wondered when you ordered red wine *and* OJ at the bar;
But you gulped the wine down and left the other untouched.
And I had a double whisky on the rocks; it'd been a long time.

I must confess the tide was higher than my intentions –
I'm no Matthew Arnold, obviously –
And though we came perilously close to the edge,
You were the other isle, Gibraltar, resolute, invincible.

Yet, you resurrected that night
What had lain dormant for too long,
And I returned to my hotel like Lazarus reborn.

La Plage de Larnaca

Abie Alexander

La mer était pleine cette nuit d'automne
Lorsqu'aux petites heures du matin on s'est trouvés
Sur cette plage spectrale de chaises longues vides
Dénudées de leurs occupants vêtus du stricte minimum,
Allongées rang après rang au-delà de la pointe
Brillant toutes blanches au doux clair de lune.

Absente la foule d'adorateurs de soleil venus du nord,
Repartis depuis longtemps poursuivre leur dieu aux lits d'hôtel
Toute la plage était à nous, nous seuls.
Mal à l'aise tu as souri de l'ironie de nos habits de minuit--
Costume et robe du dîner officiel--
Là où au soleil on ne porte guère de vêtements.

J'étais perplexe quand tu as commandé du vin *et* du jus d'orange au bar,
Mais tu as vidé ton vin d'un coup laissant le jus de côté.
Moi, c'était un double whisky sur glaçons—ça faisait bien longtemps.

Je dois admettre que la marée était plus haute que mes intentions ;
je ne suis évidemment pas un Matthew Arnold.
Et bien que nous nous soyons approchés dangereusement du bord,
Tu étais l'autre île de Gibraltar, résolue, invincible.

Et pourtant, cette nuit-là tu as réveillé
Ce qui sommeillait depuis longtemps,
Et je suis rentré à mon hôtel comme Lazare, ressucité.

Der Strand von Larnaka

Abie Alexander

Die See war vollkommen in jener Spätsommernacht
Als wir, weit nach Mitternacht unerlaubt
Den geisterhaften Strand betraten, leere Liegestühle
Endlich entblösst ihrer spärlich bekleideten Nutzer
In Reih und Glied säumen sie die Bucht
Weiß strahlend im sanften Mondlicht.

Verschwunden die Scharen der nördlichen Sonnenanbeter,
Schon lang in ihren Hotelbetten, seit ihr Gott sich verzog.
Der ganze Strand für allein für uns zwei.
Du belächeltest die Ironie unserer nächtlichen Kleidung -
Leger, aber noch förmlich von der Dinnerparty nach der Konferenz -
Hier, wo im vollen Tageslicht die Menschen unbekleidet sind.

Ich staunte nicht schlecht als Du an der Bar Rotwein und
Orangensaft bestelltest-
Den Wein spültest Du herunter, das andere hast Du nicht angerührt.
Ich hingegen hatte einen doppelten Whiskey on the rocks, wie war
die Zeit.

Zugegeben die Strömung war stärker als meine Absichten.
(Ich bin kein Matthew Arnold – offensichtlich.)
Und wenn wir auch gefährlich nah an die Grenze kamen
Du warst wie der Felsen von Gibraltar, entschlossen und
unüberwindlich.

Und dann in jener Nacht wecktest Du
Etwas lange verborgenes zu neuem Leben,
Ich kehrte zum Hotel zurück wie der lebendige Lazarus.

ЛАРНАКА БИЧ

Abie Alexander

Море занято было собой
Той ранне-осенней ночною порой,
Когда далеко за полночь
Мы вторглись на призрачный пляж
Во владенья пустых, одиноких шезлонгов,
Вдаль до изгиба простершихся в ряд,
Яркой луны белизной озаренные,
Обнажали скупой наряд посетителей.

Ушли северяне - поклонники южного солнца,
Уволокли их давно в кровати отелей их боги
И весь этот пляж теперь
Непосредственно наш с тобой!
Ты улыбнулась слегка напряженно и нервно
Наготе ироничной полночной,
Сравнив ее с той, что к концу конференций,
Отобедав, средь ясного дня
Деловой бизнесмен напоказ выставляет.

Ты поражаешь: у стойки бара
Заказав коктейль и красное вино.
Вина чуть-чуть лишь пригубив,
К коктейлю и не прикоснулась.
В то время, как двойной мой виски
Так долго кровь мне согревал.

Признаться должен , что поток волненья
Превзошли ожиданья мои,
Был более, чем ожидал того я.
Не Метью Арнольд , очевидно, я
Хоть и дошли с тобою к краю мы так близко!
Решительно неукротимой внезапно оказалась ты
Так, словно,между нами вдруг
Величина дистанции с Гибралтар.

И все же! Ночью той
Ты чувства, спящие давно,
Лучом надежды озарила.

На рассвете в отель возвращался я,
Словно Лазарус, вновь возражденный!

06

The Armenian Visa

Le Visa d'Arménie

Das armenische Visum

ВИЗА АРМЕНИИ

The Armenian Visa

Abie Alexander

Even on foot Dupont Circle is little better than a corn maze –
With speeding cars in place of stagnant plants, of course.
Maybe I chose the wrong exit at the metro?
By the time I found my bearings, I had lost the other – time.

When, sweaty and winded, I touched the consular desk
It was already ten minutes past and I expected
Rightly to be shown the clock or the door – or both.
But instead it was all grace and *'Barev dzez'*.

And there, without Asian hoops or a Schengen inquisition,
Three days later, was the precious Armenian visa.
I had known from the first, I had the right country;
It felt good to know the Embassy is too.

Le Visa d'Arménie

Abie Alexander

Même à pied le *Dupont Circle* n'est autre qu'un dédale dans un champ de maïs
Les voitures roulant à toute vitesse remplaçant, bien sûr, les plantes immobiles.
Ai-je peut-être choisi la mauvaise sortie du métro ?
Le temps de retrouver le bon chemin, j'avais perdu l'autre—le temps.

Lorsque, essoufflé et en sueur, j'ai atteint le bureau du consul
J'avais déjà dix minutes de retard et je m'attendais
A ce qu'on me montre, avec raison, ou l'horloge ou la porte—ou les deux.
Mais tout était plutôt charme et « *Barev dzez* ».

Et là, sans la paperasse asiatique ou l'inquisition de Schengen
Il arrive trois jours plus tard ce précieux visa d'Arménie.
Je savais dès le début que j'avais le bon pays ;
Ça m'a fait plaisir de savoir que l'ambassade l'était aussi.

Das armenische Visum

Abie Alexander

Selbst zu Fuß ist der Dupont Kreisverkehr nicht besser als ein Labyrinth im Kornfeld -
Mit rasenden Autos natürlich, an Stelle von Pflanzen.
Nahm ich vielleicht den falschen Ausgang an der U-Bahn?
Als ich endlich meine Orientierung fand, hatte ich etwas Anderes verloren –
Zeit!

Verschwitzt und durchgepustet, berühre ich den Konsulatstresen.
Ich bin schon 10 min. zu spät und ich erwarte
Brüsk auf die Uhr oder gleich der Tür verwiesen zu werden – oder beides.
Stattdessen war jedoch alles Freundlichkeit und *„Barev dzez"*.

Und tatsächlich, ohne Asiatische Bücklinge oder die Inquisition von Schengen,
Drei Tage später kam das kostbare armenische Visum.
Ich wusste von Beginn an, es ist das richtige Land;
Gut zu wissen, die Botschaft sieht es ebenso.

ВИЗА АРМЕНИИ

Abie Alexander

Пройтись пешком по площади Дюпон -
Куда приятней, чем в автомобилях
                       нестись со свистом.
Неуж-то,
Блуждал так долго от того,
Что перепутал вход в метро ?..
А между тем, хоть время я и потерял,
Зато я нечто поважнее приобрел!

Когда измотанный и потный
И с опозданьем десяти минут,
До консульства я все-таки добрался,
И ожидал, сейчас вот-вот на дверь,
Иль на часы, или на оба сразу
Укажут мне...
Взамен, я благодатный
Расслышал "Барев-Дзес"!

В отличии от азиатских
Или шенгенских инквизиций ,
Печать с армянской визой
Держу в руках я уже за пару дней!

Я с самого начала понимал,
Что выбрал правильно страну
Еще раз выбор мой
Посольство подтвердило!

07

Strike Two!

Deuxième prise!

Der zweite Strike

ДВОЙНОЙ УДАР

Strike Two!

Abie Alexander

She must have been seventy, if she was a day;
The front of her t-shirt read, *"These and brains too!"*

The Bard said it four centuries ago:
The lady doth protest too much.

Though, for humor, I'd call ball.

Deuxième prise!

Abie Alexander

Elle a dû avoir soixante-dix ans bien sonnés
Sur son tee-shirt on lisait *« Ceux-ci et de l'intelligence aussi ! »*

Le chantre d'Avon l'a bien dit il y a quatre siècles :
La dame fait trop de protestations.

Toutefois, pour plaisanter, j'appellerais « balle ».

Der zweite Strike

Abie Alexander

Sie muss um die siebzig sein, ihre besten Tage hinter sich;
Auf ihrem T-Shirt steht *„Diese zwei plus Verstand!"*

Wie der Dichter vor vier Jahrhunderten sagte:
Die Dame protestiert zu viel.

Im Scherz nenne ich es *Ball*

ДВОЙНОЙ УДАР

Abie Alexander

Должно быть,
Стукнуло ей семьдесят сегодня,
Красуется демонстративно
В футболке горделиво
С нагрудной надписью :
"Все это и мозги в придачу"

Бард один имел честь заявить
Лет так, четыреста тому назад:
"Протестовать со временем
Посмеют леди слишком громко."

Что до меня- я б шутки ради,
Созвал бы группу ей болельщиков в поддержку.

08

The Pheromone of Food

La Phéromone de la nourriture

Vom Glück des Essens

ФЕРОМОН ЕДЫ

The Pheromone of Food

Abie Alexander

The way out of loneliness is cooking,
Suggested my friend on the West Coast.
Cook up a delicious, exotic meal
And invite a woman home to dinner.

Easy enough to say, I thought, to myself;
But where do I find a damsel foolhardy enough
To not only set foot in my lair but also partake
Of my ham-handed culinary concoctions?

That seemed a higher daunting task
Than gathering the ingredients for ambrosia.
Luckily, the recipe she shared was for Caesar salad –
But I struggle even with croutons.

Then a colleague brought me *khoresht-e ghorme sabzi*
Tightly sealed in a carton to take home for supper.
What a pleasant surprise on the no-eye-contact metro,
When five women turned and – glory be! – actually smiled.

My friend in Seattle must be on to a good thing –
She has snagged a new fiancé and is busy cooking.
And I remember it also worked for old Ben Franklin,
Though it was only bread under each arm in Philly.

The *dabbawallas* of Mumbai's metro
And the *bento* vendors at Kyoto station
Must be having a whale of a time.

La Phéromone de la nourriture

Abie Alexander

La voie de sortie de la solitude est la cuisine,
A suggéré mon amie de la côte ouest.
Prépare un repas délicieux et exotique
Et invite une femme à dîner chez toi.

Facile à dire je me suis dit ;
Mais où trouver une demoiselle suffisamment téméraire
Non seulement pour entrer dans mon repaire mais aussi pour
Prendre part à mes confections culinaires maladroites?

Ça semblait une tâche plus intimidante
Que de réunir les ingrédients pour de l'ambroisie.
Heureusement, la recette qu'elle a partagée était pour une salade César—
Mais je lutte même avec les croutons.

Et puis une collègue m'a apporté du *khoresht-e ghorme sabzi*
Bien enfermé dans un carton pour transporter chez moi.
Quelle surprise agréable dans ce métro où on ne se regarde guère
Que cinq femmes se soient tournées vers moi et—Seigneur !—m'ont souri.

Mon amie à Seattle doit avoir trouvé juste--
Elle a décroché un nouveau fiancé et n'arrête pas de faire la cuisine.
Je me rappelle aussi que cela a marché pour le vieux Ben Franklin,
Sauf que ce n'était que du pain sous les bras à Philadelphie.

Les *dabbawallas* du métro de Mumbai
Et les marchands de bentos à la gare de Kyoto
Eux, ils doivent drôlement s'amuser.

Vom Glück des Essens

Abie Alexander

Der beste Weg aus der Einsamkeit ist Kochen,
Schlug mir mein Freund von der Westküste vor.
Koche ein köstliches, exotisches Essen
Und lade eine Dame zu Dir nach Hause zum Abendessen ein.

Leicht gesagt, dachte ich mir;
Aber wie finde ich Eine, die leichtsinnig genug ist
Nicht nur einen Fuß in meine Höhle zu setzen, sondern auch teilzuhaben
An meinem ungeschickten kulinarischen Versuchen.

Diese Herausforderung schien mir heldenhafter
Als die Zutaten für Ambrosia zu sammeln.
Zum Glück war das Rezept, dass sie mir schickte nur für einen Salat –
Aber ich kämpfe schon mit Croutons.

Dann gab mir ein Kollege *khoresht-e ghorme sabzi*.
Ganz vorsichtig verpackt in einen Karton um sie zum Abendbrot mit nach
Hause zu nehmen.
Welch erfreuliche Überraschung in der U-Bahn,
Fünf Frauen drehten sich zu mir um und – Gott sei Dank – sie lächelten.

Meine Bekannte in Seattle ist auf einem guten Weg –
Sie hat einen neuen Verlobten und ist laufend am Kochen.
Bei dem alten Ben Franklin hat es ebenfalls funktioniert,
auch wenn es bloß Brot unter jedem Arm war in Philadelphia

Die *dabbawallas* in der U-Bahn in Bombay
Und die *bento*-Verkäufer in der U-Bahn in Kyoto
Müssen sich prächtig amüsieren.

ФЕРОМОН ЕДЫ

Abie Alexander

" Займись искусством кулинарным,
Чтоб легче одиночество снести ",-
Мне старый мой приятель предложил,-
"Приготовь экзотический ужин
И даму сердца к себе пригласи."

Легко сказать, подумал я в душе,
Но где найти такую мне глупышку,
Не то, чтоб в трапезе со мной быть соучастной,
Которую и сам не ведал чем там намешал,
А чтоб и в логово мое ступить рискнула.

Представилось задачей посложней
Чем сбор ингредиентов для амброзий.
К счастью, она рецептом на салат
С названьем "Цезарь" поделилась.
Эх, что салат! Я даже с гренками был не в ладах.

Коллега выручил, принес хорешт е горм уже готовый
Чтобы на ужин донести до дому ,
В достаточно удобной упоковке,
И вот, сюрприз приятный!
Пробил мой звездный час... в метро:
Одновременно женщин пять
Определенно мне лишь улыбались.

В Сиэтле одной моей знакомке
Устроиться неплохо удалось.
Урвала жениха и так удобно!:
Она готовила еду, он -разносил .
Да, помнится на Бена Франклина работал он еще.
В Филадельфии дело было,
Тогда один лишь хлеб он разносил,
Держа по булке в каждой из подмышек

Dabbawallas - разносчики еды
В метро Мумбай, на станции Киото
По случаю такому ,быть должно ,
Располагают временем величиной с кита.

09

Cyrillic and Old French

L'Alphabet cyrillique et le vieux français

Kyrillisch und Altfranzösisch

КИРИЛЛИЦА И СТАРО-ФРАНЦУЗСКИЙ

Cyrillic and Old French

Abie Alexander

I need only close my eyes to see you again,
Attired in that alphabet dress, five autumns past;
I'd be surprised, though, if you have it still;
You've discarded even friends since then.

That evening you chose wine-tasting at the hotel,
While the rest of us flocked out to dinner on the town.
"The wine was no good," you said at breakfast the next day,
And your reproving eyes told me what a fool I had been.

When finally I asked if it was Russian, your merry laughter
Told me Cyril and Mefody must be turning in their graves;
Probably Old French, you said, and laughed even harder
When I asked what language North Ossetians spoke.

The conference ended, we parted ways;
You deigned to keep in touch, to my utter delight,
Through tenuous emails, sometimes from airports;
But always terse, always unsigned; I wondered why.

And then I went and spoiled it all – a word out of line.
You pulled the shutters down; the emails stopped.
And all the letters on that pretty dress
Couldn't spell *Je te pardonne* in Old French or New.

L'Alphabet cyrillique et le vieux français

Abie Alexander

Je ne fais que fermer les yeux pour vous revoir,
Vêtue de cette robe à l'alphabet, voici cinq automnes ;
Ça m'étonnerait que vous l'ayez encore ;
Vous avez rejeté même des amis depuis.

Ce soir-là vous avez choisi la dégustation du vin à l'hôtel,
Tandis que nous autres on est partis dîner en troupeau ;
« Le vin n'était pas bon, » m'avez-vous dit au petit déjeuner.
Et j'ai lu ma bêtise dans vos yeux réprobateurs.

Lorsque j'ai enfin demandé s'il avait été russe, votre éclat de rire joyeux
M'a dit que Cyril et Mefody doivent être en train de se retourner dans leurs tombes ;
Probablement du vieux français, avez-vous dit, et votre rire était encore plus fort
Quand j'ai demandé quelle langue parlaient les Ossètes du nord.

La conférence terminée, nous nous sommes quittés ;
Vous daigniez rester en contact, à ma plus grande joie,
Par des mêls incertains, écrits parfois des aéroports ;
Mais toujours brusques, jamais signés ; je me demandais pourquoi.

Et puis j'ai réussi à tout gâcher - un mot inopportun...
Vous avez baissé les volets ; les mêls ont cessé
Et toutes les lettres sur cette jolie robe
N'ont pu épeler «Je te pardonne» en français vieux ou nouveau.

Kyrillisch und Altfranzösisch

Abie Alexander

Wenn ich meine Augen schließe seh' ich Dich wieder vor mir,
Gekleidet in dieses Buchstabenkleid, vor fünf Sommern;
Es würde mich wundern, wenn Du es noch hast,
Denn selbst Freunde hast Du fallen gelassen – seitdem.

An jenem Abend hast Du Dich für die Weinprobe entschieden,
Wir anderen gingen aus zum Dinner;
„Der Wein war schlecht", sagtest Du beim Frühstück,
Deine tadelnden Augen zeigten mir, das ich ein Depp war.

Ich fragte, ob es Russisch ist. Dein lautes Lachen,
zeigte mir, dass Cyrill und Method sich im Grab um drehen würden.
Vermutlich Altfranzösisch sagtest Du und lachtest noch lauter
Als ich fragte welche Sprache Nordosseten sprechen.

Die Konferenz ging vorüber und unsere Wege trennten sich;
Du liest Dich herab in Kontakt zu bleiben, zu meiner großen Freude,
Durch knappe emails, manchmal von Flughäfen;
Aber immer kurz und grußlos; warum nur?

Durch ein unbedachtes Wort hab' ich alles kaputt gemacht.
Du machtest dicht; keine emails mehr.
Und all die Buchstaben auf dem hübschen Kleid
Ergeben kein *Je te pardonne* in Alt- oder Neufranzösisch.

КИРИЛЛИЦА И СТАРО-ФРАНЦУЗСКИЙ

Abie Alexander

Лишь закрою глаза, снова вижу тебя
Почти уже пятую осень,
Разодетую в платье-алфавит.
Не удивлюсь, если снова ты в нем,
Всех друзей, все земное отвергнув.

Ты в отеле дегустациям вин посвятила весь вечер,
Мы ж вышли в город пообедать .
Ты заявила: "Вина некудышны",
"Ты же- глуп!"- сказал мне взгляд твой явно.

Осмелев, спросил я : "Это-русский?", наконец.
На что в ответ ты звонким смехом разразилась :
"От нелепой от фразы такой Кирилл и Мефодий,
Должно быть, в гробу ворочают кости !"

На мой вопрос - "Каков же
Язык народа Северной Осетии?"
Ты, смехом разразившим больше,
Ответила:"Старофранцузский, может!"

Исчерпаны вопросы конференций,
Закончена она, мы разошлись.
К великому восторгу моему,
Со мной поддерживать ты изъявила связь.
Украдкой. редко, бывало, из аэропорта,
И все без подписей, и скупо письма шли...
"К чему - так?"- поражался я.

Я перестал общаться, тем самым все испортив,
Ты опустила завесу, свой mail вдруг прекратив,
А буквам из прекрасного наряда
Не удалось "*Je te pardonne*" сложить.

10

The Separated Goose

L'oie séparée

Die verlorene Gans

ОДИНОКИЙ ГУСЬ

The Separated Goose

Abie Alexander

As I made a beeline for the metro this morning,
A lone Canada goose honked overhead in distress,
Flying due north over the vast parking lot,
Homeward bound, wailing for its kith and kin.

I may not wear it on my sleeve or squawk about it much
But the card in my wallet reads 'resident alien' too.

L'Oie séparée

Abie Alexander

Tandis que je fonçais vers le métro ce matin,
Une oie de Canada solitaire a cacardé en détresse
En faisant route plein nord au-dessus du vaste parking
Prenant son chemin de retour et poussant des cris plaintifs pour les siens.

Je ne l'affiche peut-être pas et je n'en fais pas de couacs
Mais la carte dans ma poche dit également « résident alien ».

Die verlorene Gans

Abie Alexander

Heute früh' hastete ich zur U-Bahn,
Eine einsame kanadische Gans quakte - voll des Kummers - über mir,
Nordwärts fliegt sie, über den weiten Parkplatz,
Nach ihren Kindern jammernd und ihren Verwandten.

Ich lamentiere nicht rum und quake nicht drüber:
Jedoch auf der Karte in meiner Brieftasche, liest man ebenfalls: Ausländer.

ОДИНОКИЙ ГУСЬ

Abie Alexander

Утром ранним к метро направляясь,
Над огромной стоянкой-паркингом,
Взор привлек одинокий гусь.
Он летел в направлении к северу,
В его жалобном крике
Я расслышал тоску , боль и грусть
По друзьям, по родным, по дому.

Невольно мне вспомнилась
Карта, что в кармане моем лежит,
Так ли в жизни моей важна она?
Запись в ней: "Резидент-иностранец" - гласит.

11

The Queen of Hearts

La Reine des cœurs

Die Herzkönigin

ДАМА ЧЕРВЕЙ

The Queen of Hearts

Abie Alexander

"Practice Random Acts of Kindness"
Proclaims the plaque on her wall.
Yet another staff was fired today;
The seventh in five months.

"Where is the kindness?" I wonder –
Maybe it's in the separation from her vile self?
Truth in advertising, virulent virago!
"Off with their heads!" is what you really mean.

She wears skirts and trinkets and perfume
But is more Richard III in drag than the Queen.
And as the Bard said, she smiles and smiles –
Even if it's on Prozac and this is not Denmark.

La Reine des cœurs

Abie Alexander

« *Pratiquez au hasard des actes de charité* »
Proclame la plaque sur son mur.
Encore un employé de licencié aujourd'hui
Ça fait sept en cinq mois.

« Où est la gentillesse ? » je me demande.
Est-ce peut-être dans la séparation de son côté vil ?
Véracité publicitaire, virago virulente !
« *Qu'on lui coupe la tête* ! » voulez-vous vraiment dire.

Elle porte des jupes, des colifichets, du parfum
Mais elle fait plus Richard III en travesti que Reine.
Et comme dit le Bard, elle sourit et sourit--
Même si c'est à cause du Prozac et que l'on n'est pas au Danemark.

Die Herzkönigin

Abie Alexander

„*Übe Dich immer wieder in Werken der Barmherzigkeit!*"-
verkündet die Tafel an ihrer Wand.
Ein weiterer Mitarbeiter wurde heute gefeuert;
Der siebte in fünf Monaten.

„Wo bleibt die Barmherzigkeit?", frage ich -
Vielleicht liegt diese in der Trennung von ihr Selbst?
Wahr in der Werbung – trügerisches Weib!
„*Kopf ab*" ist was sie wirklich meint.

Sie trägt zwar Roben und Schmuck und Parfüm -
Und hat doch mehr von Richard dem Dritten als der Königin.
Und wie der Dichter sagt,
Das einer lächeln kann und immer lächeln kann –
Und selbst wenn es auf Droge ist und nicht in Dänemark.

ДАМА ЧЕРВЕЙ

Abie Alexander

"Воплощаем мы в жизнь акт милосердия",-
Гласит призыв с ее плаката на стене.
Еще один сотрудник был уволен-
Седьмой ,по счету, за последний пятый месяц.

Ну, где ж добропорядочность, я поражаюсь,
Где-то в разрыве с гнусным образом ее?
О, желчная мегера! Смысл истинный рекламы той:
"Долой всех головы!"- звучало б справедливей.

Хоть носит юбки, безделушки,
Распространяя аромат духов,
Она, возможно, больше Ричард III,
Чем королева, кем и мнит собой.
Как Бард сказал однажды:
"Словно, на Прозак, она смеется и смеется,
Хоть и не в Дании находится она!

12

As Time Flows By

Le Passage du temps

Zeit, die verrinnt

ТАК МИМОЛЕТНО ВРЕМЯ

As Time Flows By

Abie Alexander

It's not the red letter days or the black-tie dinners,
Neither the anxiety-filled Christmases and Thanksgivings
With the lemming-like three hundred mile drives,
Nor the Pyrrhic victories in the politics of the workplace,
That we wistfully remember on a pensive evening.

The impromptu picnic in the woods;
Cherubic children seated on a fallen log;
And food that never tasted better.
The children are in college now,
And, sadly, the friend has passed on.

On the banks of a backwoods stream eons ago
In childhood's liberty with a friend now-forgotten,
Legs dangling in the clear flowing current, we sat.
Speckled fish wiggled over specked smooth pebbles
And iridescent kingfishers skimmed the surface.

Expats under the scorching Timurian sun,
Far from family and friends in an alien land,
On that deserted late-summer-sepia afternoon
We sat on a parapet in the shade of a chinar tree,
Idly swinging our legs, as time flowed by.

It's two years now since we returned to more familiar haunts;
But that low wall has reared up as a rampart between us.

Le Passage du temps

Abie Alexander

Ce ne sont ni les grands jours ni les dîners en smoking,
Ni les Noëls et fêtes familiales chargés d'anxiété,
 (tenant compte même des migrations en lemming sur quatre cents kilomètres)
Ni la victoire pyrrhique dans la politique du bureau,
Dont on se souvient avec nostalgie lors d'une soirée de réflexion.

Le pique-nique à l'improviste dans la forêt ;
Les enfants angéliques assis sur un tronc d'arbre ;
Les mets qui n'ont jamais été si savoureux.
Maintenant les enfants sont à l'université
Et, tristement, l'amie s'est éteinte.

Au bord d'un ruisseau dans le bois jadis
Dans la liberté enfantine avec une amie oubliée,
Assis tous les deux, nos jambes suspendus dans l'eau claire qui coulait
Des poisons tachetés se tortillaient à travers cailloux mouchetés et lisses
Et des martins-pêcheurs chatoyants frôlaient la surface.

Des expatriés sous le soleil écrasant de Timor,
Loin de famille et d'amis dans une terre étrangère
Cet après-midi désert de fin d'été en sépia
Nous étions assis sur un parapet à l'ombre d'un chinar,
Balançant les jambes paresseusement à regarder passer le temps.

Ça fait deux ans que nous sommes rentrés à nos vies familières
Et ce petit mur s'est dressé entre nous comme un rempart.

Zeit, die verrinnt

Abie Alexander

Es sind nicht die Feiertage oder die festlichen Gesellschaften
Noch die mit Sorgen beladenen Weihnachts- und Erntedankfeste
(Selbst wenn sie die lemminghafte Jagd auf der Autobahn ermöglichen)
Noch die Pyrrhussiege in den Kämpfen am Arbeitsplatz.

Das spontane Picknick im Wald;
Engelhafte Kinder sitzen auf einem gekipptem Baumstamm,
Das Essen hat nie besser geschmeckt.
Die Kinder sind nun auf der Hochschule,
Und der Freund ist bereits gestorben.

Es war vor Ewigkeiten an den Ufern des Waldbaches
In der Unbefangenheit der Kindheit mit einem längst vergessenen Freund,
Dort saßen wir zusammen und baumelten unsere Füße im klaren fließenden Wasser
Kleine Fische schlängeln sich über die gespeckten glatten Kiesel
Und ein schillernder Kranich beobachtet die Oberfläche.

Expats unter der brennenden timurischen Sonne,
Fern von Familie und Freunden in einem fremden Land,
An diesem verlassenen Nachmittag in Sepia im Spätsommer
Wir saßen auf einem Kissen im Schatten eines Chinar Baum,
Und baumelten unsere Füße während die Zeit verrann.

Seit zwei Jahren sind wir nun zu unseren Heimatorten zurückgekehrt;
Und diese kleine Mauer hat zwischen uns einen Wall errichtet.

ТАК МИМОЛЕТНО ВРЕМЯ

Abie Alexander

То- не торжественный, не праздничный обед,
Не День Благодаренья, не Рождества Канун,
Не политических интриг победное застолье,
О чем мечтательно, в рутинной пестроте
Дней суетливых,присвистывая,
Меланхолично вспоминаем.

Воспоминания всплывают как картина:
В лесу ,на сваленном бревне,
Пикник устроен детворе.
Расселись ангельские детки,
Принявшись живо за еду
И никогда уже потом
Вкусней, чем этот пир
Я и припомнить не могу!
Насколько детство беззаботно,
Свободы и задора полно,-
Настолько время беспощадно, мимолетно,
Летело быстро, безоглядно.
Давно уже отправлены в Колледжи детки.
Друзей с годами всех по свету раскидало.
Давно в то прошлое забыты все пути...

...В тимурианский зной пустынный,
В палящий летний полдень,
Вдали и от друзей, и от семьи,
Я - на чужбине.
Сижу в тени чинар на парапете,
Лениво свесив ноги в воду, пятками болтая,
Поверх бегущих чистых вод
Косяк пятнистых рыб
Поблескивают чешуей на солнце.
Картину зимородки с радужною окраской
На гладкой гальке дополняют,
А мысль - одна- как время тленно.

...С тех пор, как мы знакомы,
Веришь ли? Прошло два полных лет!
Казалось, стали близкими навек
И, вовсе не высокая стена,
Бездонной пропастью вдруг оказалась нам.

13

Repast and Remorse

Repas et remords

Schlechtes Gewissen

ТРАПЕЗА И СОЖАЛЕНЬЕ

Repast and Remorse

Abie Alexander

The lazy, unrushed Labor Day lunch –
We discussed poetry, books and movies,
Over *muhammara* at Dupont Circle.

My friend chose scallops *deniz taragi;*
And I some delectable *somon kebap*.
We closed it out with baklava and Rize tea.

It was only a block back, but the sun burned hot;
And, at the metro, the escalator of a thousand steps
Was broken – as was the air-conditioning on the train.

The march of a thousand miles in the burning desert,
The merciless, relentless sun on women and babies alike;
The unquenchable thirst, the searing pangs of hunger …
Steps that faltered and then stopped altogether.

I chided myself when I remembered Tsitsernakaberd.

Repas et remords

Abie Alexander

Le long déjeuner de paresse ce jour de la Fête du travail--
Nous avons parlé de poésie, de livres, de films
En mangeant du *muhammara* à Dupont Circle.

Mon amie a choisi des coquilles Saint Jacques *deniz taragi*
Et moi, du *somon kebap* délectable,
On a fini avec du baklava et du thé rize.

Ce n'était qu'une petite marche, mais le soleil tapait fort;
Et au métro cet escalier roulant à mille marches
Etait cassé—aussi bien que le climatiseur dans le train.

La marche de mille kilomètres dans un désert brûlant,
Le soleil implacable, impitoyable tapant sur des femmes et des enfants ;
La soif insatiable, les tiraillements aigus d'estomac . . .
Des pas qui chancelaient et puis cessaient complètement.

Je me suis grondé en me rappelant Tstisernakaberd.

Schlechtes Gewissen

Abie Alexander

Ein ruhiges Essen in der Mittagspause.
Wir diskutieren Filme und Bücher und Poesie.
Über *muhammara* am Dupont Circle.

Mein Bekannter aß Muscheln *deniz taragi,*
Und ich köstlichen *somon kebap;*
Danach noch ein *baklava* und Rize-Tee.

Es war nur einen Block weiter, die Sonne brannte heiß;
Und in der U-Bahn war die Rolltreppe mit ihren 1000 Stufen
kaputt – so auch die Klimaanlage im Zugabteil.

Der Marsch über Tausend Kilometer in der brennend heißen Wüste,
Die gnadenlose, unbarmherzige Sonne auf Frauen und Säuglinge
gleichermaßen;
Der unstillbare Durst, der verzehrende nagende Hunger…
Schritte, die taumeln und dann gänzlich aufhören.

Ich schelte mich selber, wenn ich mich an Tsitsernakaberd erinnere.

ТРАПЕЗА И СОЖАЛЕНЬЕ

Abie Alexander

В честь Дня Трудящихся на площади Дюпон
Лениво и неторопливо
Кино, поэзию и прозу
Над мухаммарой мы за ланчем обсуждали.

Приятель мой дениз караги заказал,
Я ж, блюд иных гурман,-сомом кебаб,
Все это запили чаем Ризе с баклавой.

 Совсем недолго возвращался я к метро,
 Но солнце жаркое спалить меня успело.
Ступеней в тысяч эскалатор
Работать отказал внезапно.
Как выяснилось,
Произошла такая перегрузка
По причине
Включенных во всех поездах
Конденционеров.

           ...Тысячи мили,
Изнемогая от жажды и голода,
Шли женщины, детей с собой неся,
Еле, ноги, сплетаясь, тела волочили.
Один удар затем, один всего лишь взрыв.... и резко,
Все вокруг остановилось ...

Каждый раз себя я упрекаю в том,
Что мыслью ворошу
Больную рану прошлых лет
Народа Цицернакаберд.

14

The Ghosts of Jung

Les Fantômes de Jung

Der Geist von Jung

ПРИЗРАК ЮНГ

The Ghosts of Jung

Abie Alexander

From the Red Book exhibit we walked a block or so
And sipped cold Frappuccino on a roadside bench
Outside the corner store on Second Street SE;
A pleasant, late-summer day, all quiet and quiescent.

We talked of the Dalai Lama and his hapless nation;
Of the destructive, devouring dragon of the north;
Of disregarded Darfur, that has nothing to show
But its hidden linguistic wealth, drowning in a sea of blood.

Then the conversation veered around to my widowing;
"It'll be fourteen years to the day today," I replied.
The beast, presumed-dead for long, stirred deep within,
Triggering a tsunami of memories tugging me to the depths.

Soon, too soon, it was time to return to our own battles.
Dropping the empty bottles, we found what a tight lid
The trash can behind us kept over its fetid filth.
You drove away in your Jetta and I walked to the metro.

Then the phantoms waylaid me by the Library steps.

The dragon with the severed limbs and gaping wounds
Swung its head behind me, its roar of pain deafening.
I fled pell-mell down labyrinthine, pine tree lined paths,
Down verdant green hillsides half a world away.

Dragged through subterranean tunnels on the other dragon,
Chased by howling hounds (of heaven or hell I wist not)
And baying, just-emancipated demons, long suppressed,
To the very gates of the sanctuary – the four walls of my room.

I grieved for my beloved today,
As I do every year this day –
And many other days besides.

Les Fantômes de Jung

Abie Alexander

De l'exposition du Livre Rouge nous avons avancé un peu à pied
Et bu à petites gorgées un Frappuccino frais sur un banc
En dehors du magasin du coin dans la Second Street.
Une journée de fin d'été agréable, toute calme et tranquille.

Nous avons parlé du Dalai Lama et de sa nation malchanceuse ;
Du dragon destructeur et dévorant du nord ;
Du Darfur négligé, qui ne peut offrir que
Sa richesse linguistique cachée, noyée dans une mer de sang.

Et puis d'une façon ou d'une autre, la conversation s'est tournée vers mon veuvage.
« Ça fait quatorze ans aujourd'hui, » ai-je répondu.
La bête, présumée morte depuis longtemps, a remué au fond de mon être,
Provoquant un tsunami de souvenirs qui me tirait vers les profondeurs.
Bientôt, trop vite, il était l'heure de retourner à nos champs de bataille.
Jetant les bouteilles vides, on a vu combien la poubelle
Derrière nous avait le couvercle bien serré sur sa saleté puante.

Les fantômes m'ont arrêté aux marches de la Bibliothèque.
Le dragon aux membres coupés et aux blessures béantes
balançait la tête derrière moi, poussant des cris d'angoisse assourdissants.
J'ai fui pêle-mêle par des sentiers labyrinthiens bordés de pins,
A travers des collines verdoyantes d'un autre monde
Traîné dans des tunnels souterrains par l'autre dragon,
Chassé par la meute hurlante (du paradis ou de l'enfer, je ne sais)
Et par des démons hurlants, longtemps supprimés et soudain émancipés
Jusqu'aux portes de l'asile—les quatre murs de ma chambre.

J'ai pleuré ma bien-aimée aujourd'hui,
Comme tous les ans à cette date—
Et bien d'autres jours aussi.

Der Geist von Jung

Nach der Ausstellung des Roten Buches gingen wir noch ein Stück gemeinsam
Tranken kalten Frappuccino auf einer Straßenbank,
Außerhalb des Kiosks an der Zweiten Straße
Ein schöner Spätsommertag, alles lag so ruhig.

Wir sprachen über den Dalai Lama und seine hilflose Nation;
Über den zerstörerischen, verschwenderischen Drachen des Nordens;
Vom gebeutelten Dafur, das nichts vorzuzeigen hat
Außer seinem versteckten, linguistischen Reichtum, der in einem Meer aus Blut ertrinkt.

Abie Alexander

Dann kam das Gespräch langsam zu meiner Witwerschaft;
„Heute sind es genau 14 Jahre", antwortete ich.
Das Biest, lange schon für tot gehalten, wühlte tief in mir;
Und löste einen Tsunami der Erinnerungen aus, die mich in die Tiefe zogen.

Viel zu schnell, war es Zeit zu unseren eigenen Kämpfen zurückzukehren.
Wir schmissen die leeren Flaschen weg und entdeckten den schweren Deckel,
den der Mülleimer hinter uns über seinen stinkenden Unrat hielt.
Du fuhrst in Deinem Jetta nach Hause und ich ging zur U-Bahn.

Die Phantome erwarteten mich auf den Stufen der Bücherei.

Der Drache mit den abgetrennten Gliedern und den klaffenden Wunden
Schwang seinen Kopf hinter mir mit einem ohrenbetäubenden Brüllen.
Ich floh völlig verwirrt schnell über den Pinien gesäumten Pfad,
Die grünen Hügel hinunter – so weit wie möglich.

Der andere Drachen zog mich in unterirdische Tunnel,
Gejagt ,von heulenden Hunden (des Himmels oder der Hölle weiß ich nicht)
Und bellenden, lange unterdrückten, wieder erstarkten Dämonen,
Zu den Toren meines Asyls - meinen eigenen vier Wänden.

Heute weine ich für meine Geliebte,
Wie ich es jedes Jahr an diesem Tag tue -
Und an vielen anderen.

ПРИЗРАК ЮНГ

Кварталов эдак два пройдя,
От выставки "Red Book",
В бульваре , на скамье в углу ,на Second SE,
Потягивали мы неторопливо
Холодный фраппучино.
Был лета позднего приятный день.

Беседуем о Далай Ламе,
Его необустроенной стране,
Всепожирающем, всеразрушающем
                              драконе северном,
Пренебрежительном Дарфуре,
Чей лингвистический талант
Сокрыт, потоплен в море крови.

Как-то разговор коснулся вдовства моего.
Ничуть не лечит время,
"Четырнадцатый год уже сегодня.
В этот день",- промолвил я ,-
"Бузумный дикий зверь
Смерть вечную навлек."
Нахлынули вдруг чувства
Все с той же зверской силой,
 Разбудоражив глубину души.
Волной цунами захлестало память,
В кошмарные глубины увлекая.

Abie Alexander

Пора, уже давно пора
 К своим делам нам возвращаться вновь.
Порожние бутылки бросив в урну,
Невольно мысль остановил на том,
Как позади нас плотно
Прикрыт был крышкой мусор
Что наполняет урну до краев.

Мы разошлись, ты на своем отъехал Jetta,
Я до метро дошел пешком.
По пути в библиотеку,
Ступая по ступенькам вверх,
Меня сопровождал фантом иллюзий...

Многоглавый дракон, расчлененный,
С зияющей раной, поник головой,
От боли ревел, оглушая округу.
Кое-как торопливо я в глубь лабиринта пустился.
По сосновой аллее, по тропинке,
По склону зеленых холмов,
Прервать свои мысли желая,
В иступлении, по сокрытым глазу тоннелям,
В пасть к другому дракону ,
Зверским воем преследуемый,
Сам не ведая, раем ли? Адом?
Затравленный сворой демонов,
Спустивших вот-вот с цепи,
Что , будучи долго на привязи,
До самых до врат святилища,
До комнаты, что о четыре стены,
И этот день, и каждый день,
Предшествующих лет
Мучительно я по возлюбленной скорблю .

15

September 11, 2010

Le 11 Septembre 2010

Der 11. September 2010

11 СЕТТЯБРЯ, 2010

September 11, 2010

Abie Alexander

With supreme irony Eid fell this year on Nine-Eleven.
Unhealing grief and concealed joy reunited,
As it did on that fateful day nine years ago.

Dormant anger fanned by plans to build;
Repressed hate revived by threats to burn;
Both held in check only by political correctness.

At the check-out counter, in distinctive garb,
The man laid out chocolates, toys, and trinkets;
"The flight was delayed yesterday," he whispered.

The lady ahead rolled her eyes and mocked aloud,
'Ha, ha! It's Christmas already for somebody!
Or you don't know what time of the year it is.'

The man winced and turned crimson;
Fists clenched, teeth gritted,
He seemed about to implode.

It doesn't take suicide-bombers to kill the joy
Of a blue-sky, lovely day or a festive holiday;
Ignorant, thoughtless words will work just as well.

Le 11 Septembre 2010

Abie Alexander

Ironie suprême que la fête d'Eid tombe le onze septembre
Le chagrin écrasant et la joie cachée réunis
Tout pareil à ce jour fatal d'il y a dix ans.

Colère dormant attisé par les projets de construction ;
Haine réprimée ravivée par des menaces d'incendie ;
Les deux contenus par ce qui était politiquement correct.

A la caisse, habillé en costume distinctif,
L'homme a sorti des chocolats, des jouets, et des bibelots ;
« Le vol a été retardé hier, » il a chuchoté.

La dame devant roulait les yeux et s'est moqué de lui à haute voix,
« Tiens, tiens ! C'est déjà Noël pour quelqu'un !
Ou alors vous ne savez pas à quelle saison nous sommes. »

Le monsieur a grimacé, est devenu écarlate,
Poings serrés, dents serrées;
Il semblait sur le point d'imploser.

Il n'y a pas que les kamikazes en avion pour tuer la joie
D'une belle journée au ciel bleu ou d'une fête joyeuse--
Des mots ignorants et irréfléchis suffisent très bien.

Der 11. September 2010

Abie Alexander

Welch köstliche Ironie, dass das Fastenbrechen genau auf den 11.
September fiel!
Untröstlicher Kummer und heimliche Freude so nah beieinander.
Wie an jenen verhängnisvollen Tag vor neun Jahren.

Verborgener Zorn entfacht durch die Baupläne;
Unterdrückter Hass, belebt durch den tückischen Plan.
Beides streng im Zaum gehalten um der politischen Korrektheit willen.
Am Flughafenschalter, legt ein Mann in auffallenden Gewand,
Schokolade, Spielzeug und Schmuck aus.
„Der Flug gestern war verspätet," flüsterte er.

Die Dame vor ihm rollte höhnisch mit den Augen und verspottete ihn,
„Ha, ha! Für manche ist wohl schon Weihnachten!
„Oder wissen Sie nicht welche Jahreszeit wir haben?"

Der Mann zuckte und lief rot an, lächeln kann –
Fäuste ballend, Zähne knirschend;
Kurz davor zu explodieren.

Man braucht keine Selbstmordattentäter um die Freude eines
herbstlich schönen Tages oder eines Feiertages zu zerstören.
Dumme, gedankenlose Worte tun dieses ebenso gut.

11 СЕТТЯБРЯ, 2010

Abie Alexander

Что за ирония всевышним
Низпосланна столь безрассудно.
Одиннадцатое сентября - день роковых событий,
Зловещей датой обернулось.
Боль ран неизлечимых
Смешался с скрытым торжеством.

Гнев затаенный строил планы,
Подавленная ненависть
Угрозами испепелить
Желала возродиться.
Удалось
С предельной точностью
Осуществить все планы.

На небо взор уставив свой,
Вслух молвила шутливо леди:
"Для кого-то уже Рождество,
Перепутали время, что-ли?"
Вздрогнув, побогровел мужчина,
Сжав кулаки и зубы стиснув, -
Казалось, все сейчас взорвется вдруг,

Несложно смертникам,
Не видя прелесть синевы небес,
Ни будней шарм, ни праздник выходных,
Не зная радости своей, - чужую задушить.

Слов необдуманных приказ,
Безукоризненно исполнен был.

16

Chance Meeting

Rencontre fortuite

Ein zufälliges Treffen

СЛУЧАЙНАЯ ВСТРЕЧА

Chance Meeting

Abie Alexander

I ran into my father in the souk of Casablanca.
He was swarthier than I had known him to be –
Must be the sun, I thought – but he hadn't aged.
The handsome face looked ageless still.

Astonished, our eyes locked and we both knew.
He turned in haste and ducked down a side alley;
I followed in hot pursuit, craving forgiveness.
But he was nowhere to be found.

Sounds of merriment and strange melodies
Waft down in the dusk from the upper floor,
And shadows play on the high windows.
My father had passed three decades ago.

Rencontre fortuite

Abie Alexander

J'ai rencontré mon père par hasard au souk de Casablanca.
Il était plus basané que je ne l'avais connu--
Ça doit être le soleil, j'ai pensé—mais il n'avait pas vieilli.
Le beau visage semblait toujours jeune.

On s'est regardés, étonnés, et on a su tous les deux.
Lui s'est retourné en hâte et a disparu dans une ruelle,
moi à la poursuite, cherchant désespérément à être pardonné.
Mais il s'était évaporé.

Des sons de gaité et des mélodies étranges
Flottent dans la pénombre de l'étage supérieure
Et des ombres jouent sur les hautes fenêtres.
Mon père était mort il y a trois décennies.

Ein zufälliges Treffen

Abie Alexander

Zufällig traf ich meinen Vater in den Souks von Casablanca.
Er hatte eine dunklere Haut, als wie ich ihn kannte -
Ich dachte das kommt von der Sonne, aber er ist nicht gealtert.
Das schöne Gesicht sieht immer noch zeitlos aus.

Erstaunt trafen sich unsere Augen und wir beide wussten Bescheid.
Hastig drehte er sich um und entschwand in einer Seitengasse,
Ich verfolgte ihn voller Sehnsucht nach Vergebung.
Aber er war unauffindbar.

Heitere Klänge und fremde Melodien
Wehen in der Abenddämmerung herunter aus dem oberen Stock;
Schatten spielen auf den hohen Fenstern.
Mein Vater ist vor dreißig Jahren gestorben.

СЛУЧАЙНАЯ ВСТРЕЧА

Abie Alexander

Лицом к лицу столкнулся я с отцом
В одном из людных мест на Касабланке.
Он был смуглей, чем помнил я его,
От солнца, быть должно, смекнул я .
Но как же молод был он!
Красивое, холенное лицо возраст не отражало.

Мы взглядом встретили и замерли мы оба.
Вдруг спешно отвернулся он,
Нырнув в толпу, вниз по аллее уходя,
Простив его, бежал я по пятам,
Но, упустив его в тот миг,
Нигде уже его найти я не сумел.

Веселья звук и странная мелодия,
В туманных сумерках доносится
Мне с верних этажей.
Там тени пляшут на высоких окнах
И... лик отца... на тридцать лет моложе...

17

The Forsaken Field

La Rizière Abandonnée

Das verlassene Feld

ЗАБРОШЕННОЕ ПОЛЕ

The Forsaken Field

Abie Alexander

From the comfort of the bus I saw him every morn,
In ragged clothes, wraith-like in the nippy morning mist,
Tending his paddy field in calf-deep squishy mud.
His small plot, surrounded by mediocrity and lassitude,
Outshone the rest like the bright North Star.

His terraces were all of even height, symmetrical;
The rows as straight as his naked eyes could make them;
The neat red-mud ridges, with mossy green stones inset,
Guided the water down gently from level to lower level,
While the green sheaves swayed in the gentle breeze.

Returning after many years, I craned my neck to steal
A fleeting glimpse as the speeding taxi rounded the bend.
But there was no farmer; and the field had gone wild;
Water gushed unbridled through breached walls
And weeds grew triumphant over the defeated paddy.

If death should come like a thief in the night
I can picture my inbox flowing over with spam;
And email from friends piling up unanswered,
With none to post an 'Out of world' message –
My password is quite secure, you know.

I can see my mail box too, all clogged up with
Letters, bills, magazines, but mostly junk mail.
The neatly filed bank statements and credit card bills
Stare forlorn from the shelf, payments now defaulted.
What will become, I fear, of my hard-won credit score?

All the order and method so painstakingly built will,
In the end, come to nothing; all will revert to chaos again.
To do a Hamlet for love or drink hemlock for philosophy
Is idiocy; but the Koestlers were brave and to be admired,
Setting their house in order before departing together.

But it is all easier said than done.
A neat getaway is frowned upon
Both here and, I think, in the hereafter.
Besides, I hate arriving too early
And loitering at the gate till it's time.

La Rizière abandonnée

Du confort de l'autobus je le voyais tous les matins
Habillé en loques, spectral dans la brume fraîche du matin,
Cultivant sa rizière dans de la boue jusqu'aux mollets,
Son petit terrain, entouré de médiocrité et de lassitude,
Éclipsait les autres comme la brillante Etoile du nord.

Les terrasses étaient toutes de la même hauteur, symétriques ;
Les rangs aussi droits que ses yeux pouvaient les faire ;
Les arêtes de boue rouge bien soignées renforcées de pierres vert mousse
Guidaient l'eau doucement toujours vers le niveau inférieur
Pendant que les gerbes vertes oscillaient dans le vent doux.

De retour après des années, j'ai tendu le cou pour entrevoir rapidement
pendant que le taxi prenait le virage à toute vitesse.
Mais il n'y avait pas de fermier ; et le champ poussait à l'état sauvage ;
L'eau jaillissait effrénée par des murs pleins de brèches
Et les mauvaises herbes poussaient triomphantes sur la rizière vaincue.

Abie Alexander

Si la mort vient comme un voleur dans la nuit
Je peux imaginer ma boîte de réception débordant de pourriel
Et les mêls des amis s'accumulant sans réponse,
Sans personne qui puisse afficher un message « sorti du monde »
Mon mot de passe est bien protégé, vous savez.

J'imagine aussi ma boîte aux lettres, bourrée
De lettres, de factures, de journaux, mais surtout d'imprimés publicitaires.
Les relevés de compte et les factures de cartes de crédit bien classés
Regardent tristement de l'étagère, paiements maintenant en défaillance
Que deviendra-t-il de ma réputation de solvabilité si durement gagnée ?

Tout l'ordre et toute la méthode si assidument bâtis n'aboutiront
Finalement à rien ; tout retournera encore au chaos.
Faire un Hamlet pour l'amour ou boire de la ciguë pour de la philosophie
C'est de la bêtise ; pourtant les Koestler étaient courageux et dignes
d'admiration,
Mettant de l'ordre dans leur maison avant de partir ensemble.

Mais il est bien plus facile d'en parler que de le faire.
Un départ trop net est assez mal vu ici
aussi bien, je crois, que dans l'au-delà.
D'ailleurs, je déteste arriver trop tôt
Pour traîner devant la porte en attendant l'heure.

Das verlassene Feld

Aus dem bequemen Bus sah ich ihn, jeden Morgen,
In zerrissenen Kleidern, wie ein Geist im frühen Morgennebel,
Im hüfthohen nassen Schlamm bearbeitet er sein Reisfeld.
Sein kleines Grundstück, umgeben von Mittelmäßigkeit und Mattheit,
überstrahlt wie der helle Polarstern alle anderen.

Die Terrassen symmetrisch und von gleicher Höhe;
Die Reihen so gerade wie mit bloßem Auge irgend möglich;
Die sauberen Wälle aus rotem Schlamm, bestückt mit bemoosten grünen
Steinen
Leiten das Wasser sanft von Ebene zu Ebene
Währenddessen wiegen die grünen Garben in der sanften Brise sich.

Abie Alexander

Nach vielen Jahren kehrte ich zurück, ich streckte meinen Hals aus um zu sehen,
Doch nur ein kurzer Blick als das schnelle Taxi um die Ecke fuhr.
Aber dort war kein Reisbauer mehr; und das Feld war verwildert;
Wasser schoss ungezähmt durch die brüchigen Wälle
Und Gras triumphierte über den besiegten Reis.

Wenn der Tod tatsächlich wie ein Dieb in der Nacht käme
Seh' ich meine Inbox mit Spam überlaufen,
Und emails von Freunden sich unbeantwortet stapeln;
Niemand würde eine „Out of World" Nachricht einstellen – Denn mein Passwort ist sehr sicher.

Meinen Briefkasten sehe ich ebenfalls total verstopft mit
Briefen, Rechnungen, Zeitschriften, und vor allem Werbung.
Die sorgsam abgehefteten Kontoauszüge und KreditkartenRechnungen
Blicken einsam vom Regal, Zahlungen sind nun im Verzug.
Was wird, fürchte ich, aus meiner hart erarbeiteten Bonität?

Die so mühevoll erarbeitete Ordnung,
Bringt am Ende gar nichts, alles fällt ins Chaos zurück.
Es Hamlet gleich zu tun der aus Liebe einen Schierlingsbecher trank wäre Blödsinn.
Aber die Köstlers waren tapfer und bewundernswert,
in dem sie ihre sieben Sachen in Ordnung brachten bevor sie gemeinsam starben.

Es ist alles leichter gesagt wie getan.
Ein großes Tor ist davor
Hier und, ich denke, auch im Jenseits.
Außerdem hasse ich es zu früh zu kommen
Und am Eingang rumzulungern bis es Zeit wird.

ЗАБРОШЕННОЕ ПОЛЕ

Каждым утром в автобусе , устроившись удобно,
Пейзаж я взглядом провожаю:
Холодный, утренний туман, в лохмотья облаченный,
Пасущихся на рисовых полях , стада телят, грязь, слякоть.
А вот лужайка. что собой,
Как яркая полярная звезда
Затмила всю среду вокруг, уставшего однообразия.

Террасы тянутся так ровно в ряд!
И высота их также симметрична!
Повсюду в красной грязи камни
Красуются, проросшие зеленым мхом.
Бежит по склонам вниз вода,
Волнует слабый бриз макушки трав зеленых.

Abie Alexander

И снова после долгих лет разлуки,
Мчусь на такси так безпощадно быстро,
Вытягивая шею, в надежде взглядом
Больше охватить. Нет фермеров,
Поля вокруг все дико заросли,
Вода прорвала и обрушила все русла,
На полях
Сорняк над рисом торжествует.

Если б в ночи , подобно вору,
Пришла б крадучись смерть ко мне,
 Я представляю ящик свой почтовый
Весь переполненный и письмами , и спамом,
Нагроможденных ,без единного ответа,
Понятно,- достаточно надежно
Пароль мой защищен!

Я представляю свой почтовый ящик,
Забитый весь журналами, счетами,
А большей частью- почтой нежеланной.
Аккуратно все выписки сделав,
Счетов кредитных карт
И банковских счетов,
Со страхом мне подумалось внезапно,
Что ж станет с платежами
С той несчастной старой полки,
Не выполнивших своих обязательств?
С моим кредитным счетом ,
Что за много лет
С трудом тяжелым я отвоевал?

18

Love's Evanescence

Amour Éphémère

Ewige Liebe

НЕДОЛГОВЕЧНАЯ ЛЮБОВЬ

Love's Evanescence

Abie Alexander

What if our love didn't last?
What if it's now a distant memory?
Falling stars are only for an instant,
And seen only by the fortunate few.

Our love was like the rainbow
That, arching across the sky,
Outshines everything else in sight –
Only to dissolve and disappear.

Our love was like the manna
That's only good for a day.
But on the day we gathered it,
Did we gorge on it to our fill!

Our love was the golden nugget
That was lost with the slag;
Our love was the precious pearl
That slipped through the fingers.

Let's not grieve for the love that's lost;
Our love was all love could ever be.
We had much more of it than gods allow
Mere mortals of this world of ours.

But I did hold once the pot of gold
That's at the end of the rainbow;
And for that brief, fleeting time I was
King, monarch and emperor.

Now we live on different continents
Divided by oceans vast and deep;
But there was a time when we thought
Even wild horses couldn't pull us apart.

Who knows if our paths will cross?
But if you should ever beckon again,
I will gladly risk it all like Scott –
If only to perish at the South Pole.

Amour ephémère

Abie Alexander

Et si notre amour ne durait pas ?
Et si c'était déjà un souvenir lointain ?
Les étoiles filantes ne sont visibles qu'un instant,
Et encore ce n'est que par quelques âmes chanceuses.

Notre amour était comme un arc-en-ciel
Qui, arquant à travers le ciel,
Eclipse tout le reste – et qui finit
Tout simplement par s'éteindre et disparaître.

Notre amour était comme de la manne
Qui ne reste bonne qu'un jour.
Mais comme on s'en est gavés
Le jour où on l'a cueilli !

Notre amour était la pépite d'or
Qui était perdue dans les crasses ;
Notre amour était la perle précieuse
Qui nous a glissé entre les doigts.

Ne pleurons pas cet amour perdu ;
Notre amour était tout ce qu'un amour puisse être.
Nous en avons connu bien plus que les dieux ne permettent
Aux simples mortels de notre monde.

Mais une fois j'ai pu tenir ce pot d'or
Qui se trouve au bout de l'arc-en-ciel,
Et pendant ce bref instant fugace j'étais
Roi, monarque et empereur.

On habite maintenant des continents différents
Séparés par des océans vastes et profonds ;
Mais il y avait un moment où nous avons cru
Que même les chevaux sauvabes n'avaient pas le moindre chance.

Qui sait si nos chemins se croiseront.
Mais si jamais tu me refais signe,
Comme Scott je risquerai volontiers tout
Même si c'est pour périr au pôle Sud.

Ewige Liebe

Abie Alexander

Was wenn unsere Liebe nicht hält?
Was wenn nur eine Erinnerung bleibt?
Sternschnuppen sieht man nur für einen Augenblick,
Dieses Glück haben auch nur Wenige.

Unsere Liebe war wie der Regenbogen
Weit über den Himmel gespannt,
Und alles andere überstrahlend -
Um sich dann aufzulösen und zu verschwinden.

Unsere Liebe war wie das Manna
Das für einen Tag geschaffen ist.
An jenem Tag an dem wir es sammelten jedoch,
Schwelgten wir in Fülle!

Unsere Liebe war wie ein Goldnugget
Das mit der Schlacke verloren geht;
Unsere Liebe war wie eine kostbare Perle,
Die durch die Finger gleitet.

Lass uns nicht um die verlorene Liebe trauern;
Unsere Liebe, war alles was Liebe nur sein kann.
Wir hatten mehr als die Götter erlauben
Normale Sterbliche die wir sind.

Aber einst hielt ich den Topf mit Gold
Der am Ende des Regenbogens steht,
Und für diesen kurzen flüchtigen Moment war ich
König, Monarch und Kaiser.

Nun leben wir auf verschiedenen Kontinenten
Getrennt durch weite und tiefe Ozeane;
Aber es gab eine Zeit in der wir glaubten
selbst Wildpferde widerstehen nicht der Gelegenheit.

Wer weiß ob unsere Wege sich wieder kreuzen?
Aber wenn Du mir irgendwann ein Zeichen gäbest,
Würde ich freudig alles riskieren wie Scott –
Und wenn auch nur um am Südpol zu sterben.

НЕДОЛГОВЕЧНАЯ ЛЮБОВЬ

Abie Alexander

А вдруг нашей любви не будет продолженья!
А вдруг она-лишь память о былом?
Падение звезды видно лишь на мгновенье.
И лишь тому, кому везет.

Наша любовь была на радугу похожа,
Которая по небу аркой распростерлась.
Затмив на миг сияньем чудным всю округу,
Лишь для того, чтоб раствориться и исчезнуть.

Наша любовь была как манна с неба,
Казалось бы, всего на день.
Но в день, когда его собрали,
Навряд ли им пресытили мы чувства.

Наша любовь похожа на сомородок золотой,
Который где-то в шлаках затерялся.
Наша любовь была похожа на жемчуг драгоценный,
И проскользнуть ему меж пальцев удалось.

Давай, не будем сожалеть мы о потерянной любви
У нас с тобой любви гораздо больше было,
Чем остальным всем смертным
Когда-то Боги в этом мире позволяли

Но ведь горшочек с золотом однажды
Уже мне довелось в руках держать,
На конце радуги стоя вдвоем с тобой
И был я в тот кратчайший миг
Король, Монарх и Император!

Теперь живем на разных континентах
Нас океана разделяет ширь и глубь;
В те времена мы верили, разъединить нас,
И диким коням будет не под силу.

Кто знает, пути наши еще пересекутся?
И, если ты меня к себе вновь позовешь,
Я с радостью на смертный риск пойду,
Принять ее на Южном Полюсе, как Скотт.

19

Beslan's Tree of Grief

L'Arbre de chagrin de Beslan

Beslans Baum der Trauer

ДЕРЕВО СКОРБИ БЕСЛАНА

Beslan's Tree of Grief

Abie Alexander

I'm forever changed by the places I've been,
The friends I've made and the sights I've seen,
The food and the drink and the languages too,
Even if, in the beginning, I knew not a word.

There stands Beslan's School Number One,
Where the children cried out for water in thirst,
Before the ogres spilt their innocent blood
And stilled forever their morning songs.

Now, under the Tree of Grief, the parents
And grandparents, uncles and aunts,
Fill the bottles daily on the marble study desks,
Where none but the visitors sit wiping their tears.

At the child's beautiful portrait inlaid in stone,
The couple rose as I neared the grave;
And we held our hands in speechless grief;
Not a word uttered in English, Russian or Ossetian.

The frescoed square of sleepy Vladikavkaz;
The trundling streetcars and the watch repair shop;
Pelmeni, okroshka, borscht, and zhizhig galnash;
Leninsky Prospekt where my friend goes for walks.

Ponder as I may, I can never reconcile
This barbaric carnage and the beautiful Caucasus.
The gift of the *rog* sits on the shelf;
My cup of sorrow will forever be full.

L'Arbre de chagrin de Beslan

Abie Alexander

Je suis transformé pour toujours par les endroits visités,
Par les amitiés découvertes, par les site observés,
Par la cuisine, les boissons et les langues également,
Même si, au commencement je n'en savais pas un mot.

Et maintenant voilà l'Ecole Numéro Un de Beslan,
Où les enfants assoiffés réclamaient de l'eau
Avant que les ogres n'eussent fait couler leur sang innocent
Et cessé pour toujours leurs chansons matinales.

À présent, sous l'Arbre de chagrin, parents
Et grands-parents, oncles et tantes
Remplissent les bouteilles sur les pupitres en marbre,
Où ne s'assoientt que des visiteurs essuyant leurs larmes.

Le beau portrait d'enfant incrusté dans la pierre.
Le couple se lève lorsque je m'approche de la tombe
Nous nous tenons la main, muets de chagrin ;
Aucun mot prononcé, ni anglais, ni russe ni ossète.

La place à fresque endormie de Vladikavkaz ;
Les tramways roulant lourdement et la boutique à réparation de montres ;
Pelmeni, okroshka, borscht, et zhizhig galnash;
Leninsky Prospekt où mon amie se promène.

J'ai beau m'efforcer, je ne pourrai jamais concilier
Ce carnage barbare avec le beau Caucase.
Le cadeau du rog reste posé sur l'étagère ;
Ma tasse de chagrin restera toujours pleine.

Beslans Baum der Trauer

Abie Alexander

Die Orte an denen ich gewesen bin - haben mich für immer verändert,
Sowie die Freunde, die ich fand und die Denkmäler, die ich sah,
Genauso die Speisen und Getränke und auch die Sprachen,
Selbst wenn ich zu Beginn nicht ein Wort kannte.

Dort steht die Schule Beslan Nr. Eins,
Hier ist es, wo die Kinder vor Durst nach Wasser schrien,
Bevor die Oger ihr unschuldiges Blut vergossen.
Und ihre Morgenlieder für immer verstummten.

Unter dem Baum der Trauer stehen die Eltern
Und Großeltern, die Onkel und Tanten,
Sie füllen Flaschen auf dem marmornen Klassentisch,
Wo nun nur noch die Besucher sitzen und weinen.

Das wunderschöne Gesicht des Kindes in Stein graviert.
Als ich mich dem Grab näherte erhob sich das Paar
Und wir hielten unsere Hände in sprachloser Trauer;
Kein Wort wurde gesprochen, weder in Englisch noch in Russisch noch in Ossetisch.

Der Platz mit dem Fesko im verschlafenen Wladikawkas;
Die schnaufenden Autos und das Uhrengeschäft;
Pelmini, okoshka, borscht, and zhizhig galnash;
Der Leninsky Prospekt wo mein Bekannter zu spazieren pflegt.

Soviel ich drüber nachdenke, ich kann es nicht verstehen
Dieses barbarische Blutbad und der schöne Kaukasus.
Mein Souvenir, ein Rog; steht nun auf dem Brett;
Mein Kelch mit Sorgen wird immer voll sein.

ДЕРЕВО СКОРБИ БЕСЛАНА

Abie Alexander

В виду того, в каких краях я побывал,
Что повидал, что ел и пил,
Какие слышал языки,
Каких я заводил друзей,
Влияло все, меня меняя навсегда.

Вот первая школа в Беслане ,
Где детвора,
        жажду глоточком воды утолить лишь просила,
Их невинную жизнь оборвали чудовищно,
Звуки утренних песен заглушив навсегда.

Под дерево скорби приходят теперь
Родители их и близкие,
Безмолвно бутылки приносят с водой
И ставят на парты их мраморные
И ни слова ни на каком языке .

Фресками устлана площадь
Спящего Владикавказа
Стук трамвайных дорог,
Часов мастерская,
Борщ, пельмени , окрошка , жижиг,
Вот - Ленинский проспект ,
Где друг мой обычно гуляет.

Сопоставить никак невозможно,
Жестокий террор и прекрасный Кавказ,
На полке красуется рог-сувенир,
А чаша моя до краев сожаления полная
И уже ничего не изменится.
И останется так навсегда.

20

The Last Ride

La dernière promenade

Letzter Ausflug

ПОСЛЕДНЯЯ ПОЕЗДКА

The Last Ride

Abie Alexander

I scarce suspected when we set out that morn
In your car, from Yerevan to the border with Turkey,
That it would be our last ride together.
You kept your promise to show me Khor Virap;
But after that all bets would be off.

Even the elements conspired with you;
The overcast sky thickened to dense fog,
And when we got to the base of Masis,
She had shrouded herself in opaque mist.
Eyes averted, your face was impassive too.

We climbed the steps to the ancient church,
And saw the barbed-wire fence, painfully close,
That barred Armenia from its beloved peak.
So tantalizingly near and yet out of bounds!
You were quietly raising a boundary wall too.

While I scampered around for a glimpse of Masis,
You perched on a rock staring afar, silent and still,
Unperturbed and oblivious, like a perfect mermaid.
You were my subject in lieu of veiled Sis and Masis;
But a photo cannot show the heart turned to stone.

Into the church we went then to see Gregory's pit,
And you took me by surprise by taking the lead
Down the vertical stepladder into the well below,
Where the saint had survived for thirteen years.
How long before I am in your good books again?

You acquiesced to pull over on the way back,
But between us hung silence like a curtain of fog;
It was all I could do not to take you in my arms,
For all I could see was the barbed-wire fence
And the deep dungeon where my heart had been cast.

The saint, in the end, converted a whole nation;
When you have a change of heart, I'd have won the world.

La Dernière promenade

Abie Alexander

Je ne me doutais guère lorsqu'on s'est mis en route de Yerevan ce matin-là
Pour cette sortie en voiture jusqu'à la frontière de Turquie,
Que cela serait notre dernière promenade ensemble.
Tu as tenu ta promesse de me montrer Khor Virap ;
Mais après ça plus rien de certain.

Même les éléments ont conspiré avec toi ;
Le ciel couvert est devenu un brouillard épais
Et quand nous sommes arrivés au pied du Masis,
Elle s'était ensevelie sous une brume opaque.
Les yeux avertis, ton visage aussi était impassible.

On a monté les marches jusqu'à l'église ancienne,
Où on a vu douloureusement proche le fer barbelé
Qui barrait la route à l'Arménie de son sommet bien-aimé.
Cruellement proche et pourtant interdit !
Toi, aussi, tu dressais silencieusement une barrière.

Tandis que je gambadais pour une vue sur le Masis,
Tu restais perchée sur un rocher à regarder dans le vide, silencieuse, calme,
Imperturbable et inconsciente, comme la sirène parfaite.
C'était toi mon sujet plutôt que le Sis et le Masis voilés ;
Mais une photo ne peut montrer le cœur transformé en pierre.

Nous sommes entrés ensuite dans l'église pour voir le trou de Grégoire,
Et tu m'as surpris en prenant la tête
Pour descendre l'escabeau jusqu'au puits
Où le saint avait survécu pendant treize ans.
Et moi, combien de temps me faudra-t-il pour être encore dans tes petits papiers ?

Au retour tu as consenti qu'on se mette au bord de la route
Mais entre nous pesait un silence comme un voile de brouillard ;
J'ai eu du mal à ne pas te prendre dans les bras,
Car tout ce que je voyais était le fil de fer barbelé
Et l'abîme profond où mon cœur s'était plongé.

Le Saint a fini par convertir toute une nation;
Moi, si tu changeais d'avis, je gagnerais le monde entier.

Letzter Ausflug

Abie Alexander

Als wir heute morgen starteten, hab' ich es schon befürchtet,
Es ging mit Deinem Wagen von Jerewan bis zur türkischen Grenze,
Dass es unser letzter gemeinsamer Ausflug werden wird.
Du hieltest Dich an Dein Versprechen mir Khor Virap zu zeigen;
Aber danach würde es vorbei sein.

Selbst die Elemente verschworen sich mit Dir,
Der bewölkte Himmel verdichtete sich zu dicken Nebel,
Und als wir an den Fuß von Masis kamen,
Versteckte er sich im undurchdringlichem Dunst.
Dein Gesicht war ebenfalls völlig teilnahmslos.
Wir kletterten die Stufen zu der alten Kirche hinauf,
Und blickten direkt auf den Stacheldraht,
Der Armenien von seinem geliebten Gipfel trennt.
So dicht und doch unerreichbar.
Leise richtest Du ebenfalls einen Mauer auf.

Während ich herum streune um einen Blick auf Masis zu erhaschen,
Steigst Du auf einen Fels und starrst leise in die Ferne,
Gelassen und ungerührt, wie eine perfekte Meerjungfrau.
Statt der versteckten Sis und Masis bist Du nun mein Motiv;
Aber ein Foto zeigt nicht das versteinerte Herz.

Dann gingen wir in die Kirche um Gregors Loch zu sehen,
Und Du führtest mich überraschend
Die vertikale Trittleiter in den Brunnen herunter,
wo der Heilige 13 Jahre überlebt hat.
Wie lange bis ich wieder Teil Deines Leben bin?

Gemeinsam machen wir uns auf den Rückweg.
Aber zwischen uns hängt Schweigen – wie eine Nebelwand;
Es ist alles was ich tun kann um Dich nicht in die Arme zu schließen.
Denn alles was ich sehen kann ist der Stacheldrahtzaun
Und der tiefe Kerker wo mein Herz gefangen liegt.

St. Gregor hat letztendlich eine ganz Nation bekehrt;
Ich wenn Du Dein Herz erweichen würdest, hätte ich die Welt gewonnen.

ПОСЛЕДНЯЯ ПОЕЗДКА

Abie Alexander

На твоем автомобиле
К границе Турции из Еревана,
Пустившись ранним утром в путь,
Я понял, то- наша с тобой
Последняя поездка.

Даже природа в заговор
С тобой вступить решила,-
На небе пасмурном сгустились облака.
Твой безучастный взгляд
Таким же был безстрастным,
Как и подножие Масис,
Окутанный в туман.

Вверх по ступенькам шли мы к древней церкви.
Армению с родной землею здесь
Граница проволкой колючей разделяла,
За полем, рядом, близко так ...
Ты поднималась по степенькам вверх,
Уверенно, спокойно, тихо.

Пока по всем местам блистательного пика сновал я ,
Как изваянье, вдаль устремив задумчивый свой взгляд,
Ты на скале сидела .
Также, как кряж Сис и Масис
Я облик твой запечатлил.
Жаль только то, что глубину души
На фото не отобразить.

Тобой ведомый в церковь я вошел,
Вниз по стремянке вертикальной ниже, ниже,
Туда , где в яму на тринадцать лет
Был в заточении Святой Грегорий.
После всего , надолго ль я еще
К себе располагать тебя сумею?

21

Common Ground

Terre commune

Gemeinsamer Boden

ОБЩАЯ ЗЕМЛЯ

Abie Alexander

Common Ground

*A tribute to
John and Susan Collin Marks,
peacemakers par excellence.*

If the sins of our fathers are too heavy to bear,
The sins of their oppressors are far heavier still;
Though our knees buckle under the double load
We forbid any thoughts of letting them go.

We stumble and strain and stagger in grief
And will not be consoled for the lives that were stilled.
But more than the ache for our lost kith and kin
Is the heirloom of hate that we pass to our kids.

How long? For how long will we hide in our hearts
The canker that gnaws our bosom and mind?
Let's give our children the very best we can
And throw out the curse and the jinx of the past.

> We will always grieve for the innocents killed.
> We can never forget for as long as we live
> The gas chambers and the forced marches;
> The lynching and the burning;
> The cattle trains and the army trucks;
> The arrows, the machetes and the guns;
> And the bombs that decimated in an instant.

But the neighbors we deem our foes today
Had nothing to do with the terrible past.
And yet we bolster still the barrier fence –
Where wall meets wall there's no common ground.

If we can break these chains that bind us
And tear down the walls that separate us,
Maybe we will find that common ground
That belongs to none – but belongs to all.

Abie Alexander

Let us then cast off this awful weight,
And fling aside the cloak of misery;
Shut our ears to the vitriol of strife;
Spit out the bile that tints our sight;
Pour out the dregs and smash the cup;
Bury our biases and all our prejudices;
And finally cleanse us of the slime of hate.

Then, like children who see no differences,
Unschooled and unweaned on the bitter past,
Let's congregate at the common ground;
For common ground is hallowed ground.

But we shall not tread lightly there;
We will clap and sing in exultation,
Kick our heels and move in saltation,
Dancing merrily with wild abandon.

We will talk and we will laugh;
We will drink the new wine;
And partake of the just-cooked food
With hands that need tremble no more.

For the past is over and done with;
Let there be for our children a new tomorrow.

Common ground is hallowed ground.
Common ground is hallowed ground.

Abie Alexander

Terre commune

*Un hommage à
John et Susan Collin Marks,
procureurs de paix par excellence.*

Si les pêchés de nos pères sont trop lourds à supporter
Les pêchés de leurs oppresseurs sont encore plus lourds;
Bien que nos genoux s'écroulent sous ce poids double
Nous résistons vaillamment à l'idée de les laisser de côté.

Nous trébuchons, nous peinons, et nous chancelons de chagrin
Et ne serons pas consolés pour les vies éteintes,
Mais encore plus que la douleur pour ces âmes chéries perdues
C'est l'héritage de haine que l'on transmet à nos jeunes.

Combien de temps ? Pendant combien de temps cacherons-nous dans nos cœurs
Le chancre qui ronge nos entrailles et nos pensées ?
Tandis que nous donnons le meilleur des tous nos efforts,
Débarrassons-nous de la malédiction et de la poisse du passé.

Nous peinerons toujours pour ces innocents tués.
Nous ne pourrons jamais oublié de notre vivant
Les chambres à gaz et les marches forcées ;
Les lynchages et les incendies ;
Les wagons à bétail et les camions de l'armée ;
Les flèches, les machettes et les fusils ;
Et les bombes qui ont décimé dans un instant.

Mais ceux que nous considérons nos ennemis n'avaient rien à faire
Avec les événements d'il y a plusieurs décennies.
Pourtant nous avons construit des barrières autour de nous
Là où mur rencontre mur il n'y a pas de terre commune.

Abie Alexander

Si nous pouvons briser ces chaînes qui nous lient
Et abattre les murs qui nous séparent,
Peut-être trouverons-nous de la terre commune
Qui n'appartient à personne mais appartient à tous.

Que nous rejetions ce poids terrible,
Et que nous nous débarrassions du manteau de misère ;
Que nous fermions les oreilles au vitriol de conflit ;
Qu'nous crachions le bile qui teint notre vue ;
Que nous versions la lie et cassions le verre ;
Que nous enterrions nos partis pris et tous nos préjugés ;
Et enfin que nous nous nettoyions de la vase de haine.

Et puis, comme des enfants qui ne voient pas de différences,
Pas instruits et pas sevrés sur le passé amer,
Réunissons-nous sur la terre commune ;
Car la terre commune est la terre sainte.

Mais notre pas là-dessus ne sera pas léger ;
Nous applaudirons et chanterons en exultation,
Nous nous éclaterons et nous sauterons
Dansant joyeusement avec abandon.

Nous parlerons et nous rirons ;
Nous boirons le nouveau vin,
Et goûterons la cuisine fraîchement préparée
Par des mains pleines d'affection qui ne tremblent plus.

Le passé n'est plus, c'est fini ;
Pour nos enfants demain sera un jour nouveau.

La terre commune est la terre sainte.
La terre commune est la terre sainte.

Abie Alexander

Gemeinsamer Boden

*In Anerkennung von
John und Susan Collin Marks,
Friedensstiftern par excellence.*

Wenn die Sünden unserer Väter zu schwer wiegen,
Dann wiegen die Sünden ihrer Unterdrücker noch viel schwerer.
Obwohl unsere Knie zittern unter der doppelten Last
Verweigern wir jeden Gedanken sie loszulassen.

Wir wanken und taumeln vor Zorn,
Lassen uns nicht versöhnen über die ausgelöschten Leben.
Aber mehr noch wie den Schmerz über unsere verlorenen Freunde und Verwandten,
Geben wir das Erbe des Hasses an unsere Kinder.

Wie lange? Für wie lange verbergen wir in unseren Herzen
Dieses Krebsgeschwür, das in unserer Brust und an unseren Gedanken nagt?
Wir geben unseren Kindern das Beste was wir können.
Dann lasst uns den Fluch und das Unglück des Vergangenen abwerfen.

Wir werden immer den Tod der Unschuldigen bedauern.
So lange wir leben können wir
Die Todesmärsche und Gaskammern nicht vergeben.
Das Morden und die Scheiterhaufen
Die Viehzüge und die Lastwagen;
Die Pfeile, Die Macheten und die Waffen;
Und die Bomben, die sofort so viele Leben auslöschen.

Doch die wir unsere Feinde glauben, hatten nichts zu tun
Mit den Gräueln vor Jahrzehnten.
Dennoch haben wir diese Schranken um uns errichtet;
Wo Mauern an Mauern grenzen gibt es keinen gemeinsamen Boden.

Abie Alexander

Wenn wir die Fesseln sprengen, die uns binden;
Und die Mauern, die uns trennen einreißen,
Dann finden wir vielleicht den gemeinsamen Boden
Der niemanden und doch allen gehört.

Lasst uns diese furchtbare Last abwerfen.
Den Mantel der Trübsal herunterreißen;
Unsere Ohren für den Lärm des Streits schließen;
Die Säure ausspucken die unsere Sicht vernebelt;
Den Satz ausschütten und die Tasse zerschmeißen;
Unsere Befangenheit und Vorurteile begraben;
Und letztendlich den klebrigen Schmutz des Hasses abwaschen.

Dann, wie Kinder, die keine Unterschiede sehen,
Unbelehrt und unwissend über die bittere Vergangenheit,
Lasst uns auf dem gemeinsamen Boden zusammenkommen;
Denn gemeinsamer Boden ist heiliger Boden.

Wir werden dort nicht dahinschlendern;
Wir singen und klatschen vor Freude,
Schlagen die Füße zusammen im Glück
Tanzen und Springen ausgelassen.

Wir werden reden und laschen;
Wir werden den neuen Wein trinken,
Und gute neue Nahrung essen,
Von liebenden Händen zubereitet, die nicht mehr zittern.

Das Vergangenen ist endgültig vorbei;
Für unsere Kinder gibt es ein neues Morgen.

Gemeinsamer Boden ist heiliger Boden.
Gemeinsamer Boden ist heiliger Boden.

Abie Alexander

ОБЩАЯ ЗЕМЛЯ

Посвящается прекрасным миротворцам –
Джон и Сюзен Коллин Маркс
Преимущественно

Если даже медведю тяжеловат отцов нащих грех,
Какова же цена грехов угнетателей их?
Двойной удар судьбы и участь
Нам на себе нести,
Моля Всевышнего за всех простить и отпустить

Скорбя над могилой невинных младенцев,
Невозможно забыть, пока живы,
Линчеванья, поджог, душегубки,расстрел,
Погребенье живьем и насильный угон,
Взрыв мощных бомб мгновенный

Об ухабы, в гору идя , спотыкаясь,
Пока мы живы- нет нам утешенья.
Есть боль потерь, боль за родных, за близких,
Но ненависти боль, в реликвию перерастая,
Передавая детям в поколения- больней любой.

 Не признавая вины за собой,
Создавая угрозы страшные,
Враг, строя барьеры высокой стеной,
Надумал бы раз мир построить иной .

Как долго в сердце хранить эту боль ,
Что точит душу мысль ?
Отдавая все лучшее детям,
Прошлых лет злую память ,
Давайте, сотрем!

Разобрав стены все,
И жестоких событий поток, что создали мы сами,
Разорвав эту длинную цепь,
Что сковала порывы мир на земле создавать
Возможно, мы все-же сумеем к согласью прийти
На общей земле?

Abie Alexander

Она - ничья и всем принадлежит.
Так, сбросим же с себя груз этот страшный,
Уши заткнем, раздоров чтоб не слышать,
Чтоб не мутить рассудок, сплюнем желчь,
Осадок выплеснув , размять и чашу,
Предубежденья, предрассудки захороним,
От ненависти черной себя избавить, наконец.

С душой открытой, словно дети,
Забывь всю горечь прошлых лет,
На общей мы земле все вместе соберемся,
Поскольку, общая земля - святое место!

По ней легко шагая,
Давайте, песни петь и ликовать,
И разделять с друзьями счастье,
И улыбаться , и общаться,
Бокал поднять с игривым в нем вином,
Устроить праздник, пир,
И никогда не быть волненням более!

Летит пусть голубь белый в высь небес,
Детей для наших пусть
Настанет мирный завтра день!
А наша общая земля - святое место!
Наша земля - она священна!

Notes

Gratitude

This book, a tribute to the increasing tribe of polyglots amongst us, would not be in its present form if it were not for my friends who collaborated *gratis* on this celebration of the richness and heritage of languages. How we got together from different parts of the globe is in itself a miracle.

I am deeply, deeply indebted to them as much for their contribution as for their friendship and patience.

Abie Alexander

Mary Guibert studied French at Purdue University, Universite de Caen, and American University. The love of her life is the French language which she has taught for 40 years. She is currently an adjunct instructor at Georgetown and American universities and does freelance translating. She became acquainted with the poet through a mutual friend.

Jeanne Kent lived and studied in France where she did undergraduate and graduate work in French language, literature and linguistics. She has been an avid reader of the author's prose and is an admirer of his poems. She currently resides in Bethesda, Maryland.

Thomas and Manuela Giebel live in the greater Frankfurt area, in the heart of Germany. Both studied business administration. Manuela works in the finance department of a state-owned German agency for development cooperation. Thomas is working in the controlling department of *World Vision*, an international private organization for development cooperation. It was during a *World Vision* conference that he got to know the poet.

Liana Iremadze lives in Tbilisi, Georgia. She spent her childhood and school years in the small district of Dmanisi. She graduated from PSPI - Pyatigorsk State Pedagogical Institute of Foreign Languages. She is married and has a son and daughter. She enjoys reading the author's novels and poetry and wishes to cooperate with the author on other literary projects. Liana's association with the poet has been only through the Internet - they have never met.

Abie Alexander moved to the nonprofit sector after a career in banking and now works as the director of grants at *Search for Common Ground* in Washington, DC. His first love, though, is literature. He lives in Greenbelt, Maryland.

04 The Tramways of Yore

The city in the poem (even though unnamed) is Yerevan, the capital of Armenia, a former republic of the Soviet Union.

Zhiguli and **Niva** models are manufactured by the Russian automobile company Lada.

Germans and Japanese: cars made in those countries.

Golf: a Volkswagen car model.

05 Larnaca Beach

Larnaca is a sea-side resort on the island of Cyprus.

Lazarus reborn: legend has it that after he was brought back to life, Lazarus came to Cyprus and became the first bishop there. The Church of Ayios Lazaros is located just a few miles from Larnaca beach.

The Matthew Arnold reference is, of course, to his poem *Dover Beach*.

06 The Armenian Visa

Barev dzez is the polite and courteous Armenian greeting.

Asian hoops or a Schengen inquisition: Armenia is sandwiched between Europe and Asia and has the best of both cultures. One does not need to jump through the "hoops" of bureaucratic red tape as is often the case in Asia or face the usual endless scrutiny ("inquisition") for obtaining an EU visa.

07 Strike Two!

Strike: A baseball term. A pitched ball that is in the strike zone or is swung at and is not hit fair. Three strikes and the batter is out.

Ball: Another baseball term. A pitch that fails to pass through the strike zone and is not swung at by the batter. A call in favour of the batter.

The Bard, of course, is Shakespeare and the quote is from Hamlet.

08 The Pheromone of Food

Khoresht-e ghorme sabzi: A much-loved (especially by men) Persian dish of lamb or beef, vegetables and herbs.

Dabbawallas: Also known as 'tiffin-carriers', they collect lunch boxes from the homes of office workers and deliver them at lunch time to offices, enabling office employees to have homemade lunches at their workplace.

09 Cyrillic and Old French

Cyril and Mefody: Saints Cyril and Methodius (Mefody), were brothers who invented the Cyrillic alphabet used in Russian and several other Slavic languages. Both were theologians, linguists, and scholars.

Ossetian is the language spoken in the Republic of North Ossetia-Alania, in addition to Russian, of course.

Je te pardonne: I forgive you

10 The Separated Goose

Though so named, large flocks of Canada geese have established permanent residences in the northern United States, especially the Chesapeake Bay area.

Resident alien: US immigration laws refer to permanent residents as resident aliens.

11 The Queen of Hearts

"That one may smile, and smile, and be a villain—
At least I am sure it may be so in Denmark."

Hamlet Act 1, scene 5, 105–109

"Off with his head!"

King Richard III (III, iv, 76)

The Queen of Hearts is a character from *Alice in Wonderland* by the writer and mathematician Lewis Carroll. She is a foul-tempered monarch who is quick to decree death sentences at the slightest offense. Her most famous line, one which she repeats often, is *"Off with their heads!"*

12 As Time Flows By

Timurian: Of or relating to Amir Timur (Tamburlaine or 'Timur the Lame'), the cruel and despotic ruler of the region that is now Uzbekistan.

Chinar – a tree species that is common in Central Asia.

13 Repast and Remorse

Muhammara, deniz taragi, somon kebap (salmon kebab) are Turkish dishes.

Rize tea comes from Turkey.

Tsitsernakaberd: The memorial in Yerevan dedicated to the memory of nearly two million Armenians who lost their lives in the genocide of 1915, when men, women and children were sent on death marches into the desert.

14   The Ghosts of Jung

The Red Book: A widely acclaimed book containing the notes and illustrations of the Swiss psychologist and psychoanalyst C.G. Jung, posthumously published in 2009, forty-eight years after his death in 1961. Jung proposed and developed the theories of introversion and extroversion and the collective unconscious.

The Library: The biggest library in the world, the Library of Congress, located on First Street SE, Washington, DC.

The dragon with the severed limbs and gaping wounds: A reference to an illustration of Jung depicting a man standing amidst the severed limbs and gushing blood of a dragon and continuing to plunge his sword in the beast completely unaware of the towering dragon swinging its angry head toward him from behind.

the other dragon: The metro.

Hounds: A reference to 'The Hounds of Heaven'; the best known poem of Francis Thompson. The poem describes the pursuit of the human soul by the spirit of God.

15   September 11, 2010

plans to build: The plans for building a mosque near Ground Zero.

threats to burn: The threat to burn the Koran, subsequently withdrawn.

17   The Forsaken Field

The Koestlers: Arthur Koestler, Hungarian-born novelist, essayist and critic (*Darkness at Noon, The Age of Longing, The Yogi and the Commissar*, etc.) and his wife Cynthia, both believers in voluntary euthanasia, took their own lives on March 3, 1983 in London.

It is notable that after moving to England, Koestler wrote almost solely in the English language after 1940.

18   Love's Evanescence

Scott: Robert Falcon Scott, British explorer, led the ill-fated, but highly admired, expedition to Antarctica. Scott's team was disappointed to discover on reaching the South Pole that the Norwegian, Roald Amundsen, had beaten them by about a month. On the return journey the entire team perished in a blizzard eleven miles from their destination. Scott was posthumously knighted and was regarded as a national hero for his bravery and patriotism.

19   Beslan's Tree of Grief

Beslan: A town in the Russian Republic of North Ossetia-Alania where in September 2004 rebels from the neighboring Chechnya held over one thousand students and teachers at School Number One hostage before killing three hundred thirty four people, most of them children.

The Tree of Grief: A sculpture by Alan Kornaev and Zaurbeck Dzanagov that towers over the graves of the slain school children and their teachers.

Inlaid in stone: It is the custom of the region to have portraits of the deceased on their tombstones.

Pelmeni, okroshka, borscht: Traditional Russian dishes

Zhizhig galnash: A Chechen dish of stewed meat.

Rog: The Caucasian cup made out of a horn for drinking wine.

20   The Last Ride

Khor Virap: An Armenian monastery dating back to the 7th century located on the border with Turkey. It is the closest point in Armenia to Mt. Ararat, the national symbol of Armenia. Mt. Ararat is now in present day Turkey, however.

Khor Virap literally means 'deep pit' and is believed to be the site where Saint Gregory the Illuminator was confined. Visitors can descend into the pit using a steep vertical ladder.

Sis and Masis: The Armenian names for the two peaks in the Ararat range. Masis (Mount Ararat), the bigger peak, has an altitude of 5,137 m (16,854 ft), and Sis (Little Ararat), the smaller peak, stands 3,896 m (12,782 ft) high.

Saint Gregory: Legend has it that Saint Gregory the Illuminator (the patron saint of Armenia) was cast into a deep pit by the cruel tyrant King Trdat III. The Saint stayed in the pit for thirteen years till King Trdat was struck by a vile disease. The King remembered Saint Gregory in the pit and was surprised to find him still alive. On being brought out of the pit, the Saint healed the King of his disease. King Trdat converted to Christianity in 301 AD and adopted that religion as the state religion, making Armenia the first Christian nation.

Notes

Gratitude

Ce livre, un hommage à la tribu croissante de polyglottes parmi nous, n'aurait pas pris sa forme actuelle s'il n'y avait pas eu des amis qui ont collaboré gratis sur cette célébration de la richesse et de l'héritage des langues. La façon dont nous nous sommes réunis des quatre coins du monde est elle-même un miracle.

J'en suis profondément reconnaissant autant pour leur contribution que pour leur amitié et leur patience.

Abie Alexander

Mary Guibert a fait ses études de français à Purdue University, à l'Université de Caen, et à American University. Sa grande passion est la langue française, qu'elle enseigne depuis 40 ans. Elle est actuellement professeur à temps partiel aux universités Georgetown et American ; elle fait également de la traduction en free-lance. Elle a fait la connaissance du poète grâce à une amie commune.

Jeanne Kent a fait des études de licence et de troisième cycle en France en langue française, littérature française et linguistique. Elle aime bien lire les œuvres en prose de l'auteur et elle admire bien ses poèmes. Elle habite à Bethesda dans le Maryland.

Thomas et Manuela Giebel habitent la région métropolitaine de Frankfurt au coeur de l'Allemagne. Ils ont tous les deux fait des études de gestion. Manuela travaille dans le département des finances d'une agence de l'état allemand consacrée à la coopération dans le développement. Thomas travaille dans le service de contrôle de World Vision, une organisation privée internationale consacrée à la coopération dans le développement. C'était lors des conférences de World Vision qu'il a fait la connaissance de l'auteur.

Liana Iremadze habite Tbilisi en Georgie. Elle a passé son enfance et ses années scolaires dans la petite ville de Dmanissi. Elle est mariée avec un fils et une fille. Elle connait le poète uniquement à travers Internet—ils ne se sont jamais rencontrés.

Abie Alexander Après une carrière dans les opérations de banque, Abie s'est tourné vers le secteur à but non lucratif; il travaille en ce moment à Washington, D.C., comme spécialiste de subventions à *Search for Common Ground*. Cependant, la littérature est sa grande passion. Il habite Greenbelt dans le Maryland.

04   Les Tramways d'antan

La ville qui fait l'objet du poème (non-identifiée) est Erevan, en Arménie, une ancienne république de l'Union soviétique.

Les **Zhiguli** et **Niva** sont fabriquées par l'entreprise d'automobile russe Lada.

Les Allemands et les Japonais: voitures fabriquées dans ces pays.

Golf: une voiture de Volksvagen.

05   La Plage de Larnaca

Larnaca est une station balnéaire sur l'île de Chypre.

Lazare ressucité : La légende dit qu'après sa réanimation, Lazare est venu à Chypre et y est devenu le premier évêque. L'Eglise d'Ayios Lazaros se trouve à quelques kilomètres de la plage de Larnaca.

La référence à Matthew Arnold est, bien sûr, à propos de son poème Dover Beach.

06   Le Visa d'Arménie

Barev dzez est la salutation aménienne typique—l'équivalent d'un "bien bonjour".

La paperasse asiatique ou l'inquisition de Schengen : L'Arménie est coincé entre l'Europe et l'Asie et elle a ce qu'il y a du meilleur des deux cultures. On n'a pas à subir la bureaucratie qui est souvent la norme en Asie ou faire face à l'examen minutieux (l'inquisition) nécessaire pour obtenir un visa de l'Union européenne.

07   Deuxième prise!

Prise : un terme de baseball. Une balle lancée qui est dans la zone de prises ou que le batteur manque. Trois prises et le batteur est éliminé.

Balle : également un terme de baseball. Un lancer qui ne passe pas dans la zone de prises et que le batteur n'essaie pas de frapper. C'est un appel en faveur du batteur.

08   La Phéromone de la nourriture

Khoresht-e ghorme sabzi : Un plat perse bien aimé fait d'agneau ou de boeuf, de légumes et d'herbes.

Dabbawallas : Connus aussi comme « porteurs de tiffin », ils vont chercher les déjeuners chez les employés de bureau pour les leur livrer au travail, ce qui donne la possibilité aux employés de manger au travail le déjeuner fait maison .

09   L'Alphabet cyrillique et le vieux français

Cyril and Mefody : les Saints Cyril and Methodius (Mefody) étaient des frères qui ont inventé l'alphabet cyrillique utilisé en russe et plusieurs autres langues slaves. Ils étaient tous les deux théologiens, linguistes, et érudits.

L'ossète est la langue parlée dans la République d'Ossétie-du-Nord-Alanie, en plus du russe, bien sûr.

10   L'oie séparée

En dépit de leur nom des grandes volées d'oies de Canada se sont établies de façon permanente dans des régions du nord des Etats-Unis, surtout aux alentours de la Baie Chesapeake.

resident alien : les lois sur l'immigration des Etats-Unis appellent les résidents permanents non-citoyens des « resident aliens ».

11   La Reine des cœurs

« . . . qu'un homme peut sourire, sourire, et n'être qu'un scélérat.
     Du moins, j'en suis sûr, cela se peut au Danemark. »

Hamlet Act 1, scene 5, 105–109

"Qu'on lui coupe la tête!"

King Richard III (III, iv, 76)

La **Reine des Coeurs** est un personnage d' « Alice au pays des merveilles » de l'écrivain et mathématicien Lewis Carroll. C'est un monarque qui n'hésite pas à décréter la peine de mort pour la plus petite infraction. Sa déclaration la plus célèbre, qu'elle répète souvent, est « Qu'on leur coupe la tête ! »

12   Le Passage du temps

De Timor : reference à Amir Timur [Tamburlaine ou Timur le boiteux], le souverain cruel et despotique de la région appelée maintenant l'Ouzbékistan.

Chinar : une espèce d'arbre qui se trouve fréquemment en Asie centrale.

13   Repas et remords

Muhammara, **deniz taragi**, **somon kebap** (kebab de saumon) sont des plats turcs.

Le **thé rize** vient de Turquie.

Tsitsernakaberd : Le mémorial à Erevan dédié à la mémoire de près de deux millions d'Arméniens qui ont perdu leur vie lors de la génocide de 1915 quand on a envoyé hommes, femmes et enfants sur des marches de la mort dans le désert.

14   Les Fantômes de Jung

Le livre rouge : un livre célèbre contenant les notes et illustrations du psychologue et psychanalyste suisse C. G. Jung, publiées en édition posthume en 2009, quarante-huit années après sa mort en 1961. Jung a proposé et développé des théories d'introversion et d'extroversion et de l'inconscient collectif.

La Bibliothèque : la plus grande bibliothèque du monde, la Bib.liothèque du Congrès, qui se trouve dans la First Street, SE, dans Washington.

"Le dragon aux membres coupés et blessures béantes » : Référence à une illustration de Jung représentant un homme debout au milieu des membres coupés et du sang d'un dragon, continuant à enfoncer son épée dans la bête sans se rendre compte du dragon énorme qui balance la tête vers lui de par derrière.

L'autre dragon : le métro

La meute : une référence au poème le plus connu de Francis Thompson, "La meute du paradis". Le poème décrit la poursuite de l'âme humaine par Dieu.

15   Le 11 Septembre 2010

Projets de construction : Les projets de construction d'une mosque près du site de la tragédie du 11 septembre 2001

Menaces d'incendie :   La menace de brûler le Coran, retirée par la suite.

17   La Rizière Abandonnée

Arthur **Koestler**, romancier, essayiste, critique hongrois (Le Zéro et l'infini, Les Hommes ont soif, Le Yogi et le commissaire) et sa femme Cynthia, tous les deux adhérents de l'euthanasie volontaire, se sont suicidés le 3 mars 1983 à Londres.

Il mérite d'être noté qu'après son déménagement en Angleterre, Koestler a écrit en anglais à partir de 1940.

18   Amour Ephémère

Scott : Robert Falcon Scott, explorateur anglais, a mené l'expédition malheureuse mais hautement admirée en Antarctique. L'équipe de Scott était déçue de découvrir en arrivant au Pôle sud que le Norvégien Roald Amundsen les avait battus par un mois. Au retour l'équipe entière a péri dans une tempête de neige à 16 kilomètres de leur destination. Scott a été fait chevalier à titre posthume et a été considéré comme héros national pour son courage et son patriotisme.

19 L'Arbre de chagrin de Beslan

Beslan : Une ville dans la république russe d'Ossetia-Alania du nord, où des rebels du Chechnya voisin a tenu en hôtage mille élèves et instituteurs de l'École numéro un en septembre 2004 avant d'en tuer trois cents trente-quatre la plupart étant des enfants.

L'Arbre de chagrin : Une sculpture par Alan Kornaev et Zaurbeck Dzanagov qui dominent les tombes des enfants massacrés et leurs maîtres et maîtresses d'école.

Incrusté dans la pierre : C'est le coutume de cette région d'avoir des portraits du défunt sur sa pierre tombale.

Pelmeni, okroshka, borscht : Des plats russes traditionnels

Zhizhig galnash : Un plat chech de viande cuite en ragoût

Rog : La tasse caucase faite de corne dans laquelle on boit du vin.

20 La dernière promenade

Khor Virap : Monastère datant du 7ème siècle qui se trouve sur la frontière avec la Turquie. C'est le point le plus près en Aménie au Mont Ararat, le symbole national de l'Arménie. Pourtant, le Mont Ararat est maintenant dans la Turquie actuelle.

Khor Virap veut dire litéralement "trou profond" et il est suppose être le site où Saint Grégoire l'enlumineur a été confirmé. Les visiteurs peuvent descendre dans le trou à l'aide d'une échelle verticale raide.

Sis and Masis : Les noms arméniens pour les deux crêtes dans la chaîne Ararat. Masis (Mont Ararat), le pic le plus élevé a une altitude de 5,137 m 16,854 pieds), et Sis (Petit Ararat), le pic moins élevé, s'élèvent à 3,896 m (12,782 pieds).

Saint Grégoire : La légende dit que le Saint Grégoire l'enlumineur (le saint patron de l'Arménie) était jeté dans un trou profond par le tyrant cruel le roi Trdat III. Leee Saint est resté dans le trou pendant treize ans jusqu'au jour où le Roi Trdat a été frappé par une maladie vile. Le roi s'est rappelé du saint et était surpris de le voir encore vivant. En sortant du trou le saint a guéri le roi. Le Roi Trdat s'est converti au christianisme en 301 ap. J.-C. et l'a adoptée comme religion officielle de l'état, faisant de l'Arménie la première nation chrétienne.

Anmerkungen

Danksagung

Dieses Buch ist der immer größer werdenden Zahl der sogenannten Weltbürger unter uns gewidmet. Es würde nie in dieser Form existieren, gäbe es nicht die vielen Freunde, die sich alle freiwillingan diesem Fest der Sprachenbeteiligt haben. Wie wir aus so unterschiedlichen Teilen der Erdezusammengefunden haben, ist ein Wunder an sich.

Ich fühle mich tief in ihrer Schuld - für ihren Beitrag, für ihre Freundschaft und ihre Geduld.

Abie Alexander

Mary Guibert studierte Franzoesich an der Purdue University, der Universite de Caen und der American University. Sie lernte den Dichter durch einen gemeinsamen Freund kennen.

Jeanne Kent lebte und studierte in Frankreich, wo sie ihren Abschluß in Frazoesisch, Literatur und Linguistik gemacht hat. Sie ist eine begeistert Leserin der Romane des Autors und eine Bewunderin seiner Gedichte. Jeanne lebt in Bethesda, Maryland.

Thomas und Manuela Giebel leben im Großraum Frankfurt im Herzen Deutschlands. Manuela arbeitet im Finanzbereich der staatlichen Entwicklungszusammenarbeit. Thomas arbeitet im Bereich Controlling bei World Vision, einer internationalen Entwicklungshilfeorganisation. Dort hat er den Dichter auf einer Konferenz kennengelernt.

Liana Iremadze lebt in Tiflis in Georigen. Sie hat ihre Kindheit und Schulzeit in dem kleinen Landkreis Dmanisi verbracht. Sie ist verheiratet und hat einen Sohn und eine Tochter. Liana und der Dichter kennen sich über das Internet - sie haben sich noch nie persönlich gesehen.

Abie Alexander wechselte nach einer Karriere im Bankensektor in den Non-Profitbereich und arbeitet nun als Direktor für öffentliche geförderte Projekte bei *Search for Common Ground (Suche nach gemeinsamen Grund)* in Washtington, DC. Seine wahre Leidenschaft gilt jedoch der Literatur. Er lebt in Greenbelt, Maryland.

04 Die Straßenbahnen von eins

Die Stadt im Gedicht (auch wenn sie nicht namentlich erwähnt wird) ist Jerewan in Armenien, eine ehemalige Republik der Soviet Union.

Zhiguli und **Niva** sind Modelle der russischen Autofirma Lada.

Deutsche und Japaner: Auto, die in diesen Ländern hergestellt werden.

05 Der Strand von Larnaka

Der Legende nach kam Lazarus nachdem er ins Leben zurückgerufen wurde nach Zypern und wurde der erste Bischof dort. Die Kirche Ayios Lazaros ist nur wenige Kilometer von Strand in Lanarka entfernt. Matthew Arnold war ein Lyriker und Literaturkritiker in England im 19 Jhd..

Die Anspielung bezieht sich auf sein Gedicht *Dover Beach,* wo Arnold auch seine Flitterwoche verbrachte.

06 Das armenische Visum

Barev dzez ist der alltägliche armenische Gruß – das Pendat zu unserem *Hallo*.

Asiatische Bücklinge oder die Inquisition von Schengen – Armenien ist eingeschlossen zwischen Europa und Asien und hat das Beste beider Kulturen. Man muß sich nicht durch eine demütigende Bürokratie quälen wie es in Asien oft der Fall ist oder die endlosen Befragungen für ein EU-Visum absolvieren.

07 Der zweite Strike

Strike: ein Begriff aus dem Baseball. Ein geworfener Ball, der durch die Strike-Zone fliegt oder der geschlagen aber regelwidrig getroffen wird. Nach drei Strikes ist der Schläger raus.

Ball: ein weiterer Begriff aus dem Baseball. Ein Wurf, der nicht die Strike-Zone passiert und vom Schläger nicht geschlagen wird. Ein Punkt für den Schläger.

Der zitierte Dichter ist Shakespeare (Hamlet).

08 Vom Glück des Essens

Khoresht-e ghorme sabzi: Ein beliebtes persisches Gericht mit Lamm oder Rind, Gemüse und Kräutern.

Dabbawallas: auch bekannt als Kartonträger, sie sammeln zu Hause die Pakete mit den Mittagessen der Büroangestellten und bringen sie zur

Mittagszeit in die Büros. So können die Angestellten das heimische Mittagessen auf der Arbeit geniessen.

09 Kyrillisch und Altfranzösisch

Kyrill und Method: Der Heilige Kyrill und der Heilige Method waren Brüder, die das Kyrillische Alphabet erfande, welches im Russichen und zahlreichen anderen slavischen Sprachen verwendet wird. Beide waren Theologen, Linguisten und Gelehrte.

Ossetisch ist eine Sprache, die in der Republik Nord Ossetien-Alanien gesprochen wird, zusätzlich zu Russisch.

Je te pardonne: Ich verbege Dir

10 Die verlorene Gans

Obwohl sie so heißen, haben große Gruppen von Kanadischen Gänsen sich ebenfalls dauerhaft im Norden der USA niedergelassen, vor allem um die Chesapeake Bucht.

11 Die Herzkönigin

Dass einer lächeln kann, und immer lächeln,
Und doch ein Schurke sein, zum wenigsten
Weiß ich gewiss, in Dänemark kann's so sein.

Hamlet (I, v; 105 - 109)

Den Kopf ihm ab

Kind Richard III (III, iv; 76)

Die **Herzkönigin** ist eine Figur aus *Alice im Wunderland* von dem Schriftsteller und Mathematiker Lewis Carol. Sie ist eine unbeherrschte Monarchin, die beim kleinsten Vergehen

schnell ein Todesurteil verhängt. Ihr beliebtester Satz ist „Kopf ab"

12 Zeit, die verrinnt

Timurisch: nimmt Bezug auf Timur Lenk (Tamerlan oder Timur der Lahme), den gewalttätigen despotischen Herrscher über die Region, die heute Usbekistan ist.

Chinarbaum: eine in Zentralasien beheimatete Baumart

13 Schlechtes Gewissen

Muhammara, deniz taragi, somon kebap sind Türkische Speisen.

Rize-Tee kommt aus der Türkei.

14 Der Geist von Jung

Das rote Buch: Ein sehr bekanntes Buch mit Notizen und Illustrationen des Schweizer Psychoanalytikers und Psychologen C.G. Jung. Es wurde posthum in 2009, achtundvierzig Jahre nach seinem Tod 1961 veröffentlicht. Jung entwickelte die Theorien von Intro- und Extrovertiertheit, sowie des gemeinsamen Unterbewußten.

Die Bücherei: Die größte Bücherei der Welt, die Bücherei des Kongresses in der Ersten Straße in Washington, D.C.

Der Drache mit den abgetrennten Glieder und den klaffenden Wunden: Eine Referenz an eine Illustration von Jung, die einen Mann zeigt, der zwischen den abgetrennten Gliedern im sprudelnden Blut eines Drachen steht und sein Schwert weiter in den Drachen stößt und nicht merkt, dass der Drache seinen Kopf ihm von hinten nähert.

Der andere Drache: Die U-Bahn.

Hunde: Eine Referenz an „Die Hundes des Himmels", das bekannteste Gedicht von Francis Thompson. Das Gedicht beschreibt, die Jagd der menschlichen Seele von Gott.

15 Der 11. September 2010

Baupläne: Die Pläne für den Bau einer Moschee in der Nähe von Ground Zero.

Tückischer Plan: Die Drohung den Koran zu verbrennen, diese wurde jedoch zurückgenommen.

17 Das verlassene Feld

Arthur Koestler: ein ungarisch-stämmiger Romanautor, Essayist und Kritiker (*Sonnenfinsternis, Gottes Thron steht leer, Der Yogi und der Kommisar, etc.*) und seine Frau Cynthia glaubten beide an freiwillige Euthanasie und nahmen sich ihr Leben am 03. März 1983 in London. Es ist wert zu erwähnen, dass Koestler nach seiner Übersiedlung nach England 1940 in Englisch schrieb.

18 Ewige Liebe

Scott - Robert Falcon Scott, britischer Entdecker.
Er leitete eine vom Schicksal geschlagene aber berühmte Expedition in die Antarktis. Scotts' Team war enttäuscht im Moment als sie den Südpol erreichten zu entdecken, dass der Norweger Roald Amundsen sie um einen Monat geschlagen hatte. Auf dem Rückweg kam die ganze Gruppe in einem Blizzard ums Leben, elf Meilen vor ihrem Zielort. Scoot wurde posthum

zum Ritter geschlagen und gilt wegen seiner Tapferkeit und seinem Patriotismus als Nationalheld.

19 Beslans Baum der Trauer

Beslan: Eine Stadt in der russischen Teilrepublik Nord-Ossetien-Alanien, wo im September 2007 Rebellen aus dem benachbarten Tschetschenien über 1000 Schüler und Lehrer in der Schule Nr. Eins als Geiseln genommen haben und dreihundertvierunddreißig Menschen ermordeten, die meisten von ihnen Kinder.

Der Baum der Trauer: Eine Skulptur von Alan Kornaev und Zaurbeck Dzanagov die über den Gräber der getöteten Schulkinder und Lehrer thront.

In Stein graviert: In dieser Gegend ist es üblich Porträts der Verstorbenen auf dem Grabstein zu haben.

Pelmini, okroshka, borscht: Traditionelle russische Speisen

Zhizhig galnash: Eine tschetschenische Speise aus gedünstetem Fleisch

Rog: Ein kaukasischer Kelch aus Horn, den man zum Wein trinken benutzt.

20 Letzter Ausflug

Khor Virap: Ein armenisches Kloster aus dem 7. Jhdt. an der türkischen Grenze gelegen. Es ist der dichteste Punkt in Armenien zum Berg Ararat, dem Nationalsymbol. Heutzutage liegt der Ararat in der Türkei.

Khor Virap meint wörtlich „tiefes Loch" und wird für die Stätte gehalten an der der heilige Gregor der Erleuchter eingesperrt war. Besucher können mittels einer steilen Trittleiter hinunter steigen.

Sis und Masis: Die armenischen Namen für die zwei Gipfel des Ararat. Masis, der Berg Ararat, der höhere Gipfel hat eine Höhe von 5.137m und Sis, Klein Ararat, der niedrigere Gipfel hat 3.896m Höhe.

Der Heilige Gregor: Der Legende nach wurde der Erleuchter (der Partron Armeniens) von dem brutalem Tyrannen König Trdat III: in ein tiefes Loch gesteckt. Der Heilige blieb in dem Loch für 13 Jahre, bis König Trdat von einer gefährlichen Krankheit getroffen wurde. Der König erinnerte sich an den Heiligen in dem Loch und war überracht ihn lebend zu finden. Aus dem Loch geholt, heilte der Heilige den König. König Trdat bekehrte sich zum Christentum im Jahr 301 n. Chr. und nahm das Christentum als Staatsreligion an. So wurde Armenien zur ersten christlichen Nation.

Примечания

Благодарность

Эта книга - дар полиглотов, число которых увеличивается, и, не было б этой книги, не будь моих друзей, чье безвозмездное сотрудничество , чей труд - праздно преподнесенное богатство и наследие языков. То, как мы собрались с различных уголков света, само по себе - чудо.

Я глубоко, глубоко в долгу перед ними как за их вклад, так же за их дружбу и терпение.

Аби Александр

Мэри Гиберт изучала французский язык в университете Пердью, Университет-де-Кан, и Американский университет. Ее любимый язык - французский, который она преподает в течении 40 лет. В настоящее время работает инструктором в Джорджтаунском и Американском Университетах и работает над внештатными переводами. . С поэтом ее свяывает общий друг.

Жанна Кент жила и училась во Франции, по окончани магистратуры работает в сфере французского языка, литературы и лингвистики. Является страстным читателем и поклонником как прозы , так и стихов автора. В настоящее время проживает в Бесесде, штат Мэриленд.

Томас и Мануэла Гебель Жители величественного округа Франкфурта, самого сердца Германии. Оба изучали бизнес и администрирование. Мануэла работает в Государственном Департаменте Финансов Германии по развитию сотрудничества. Томас работает в отделе управления World Vision, международной частной организации по развитию сотрудничества. Именно во время конференции World Vision он познакомился с поэтом.

Лиана Иремадзе в настоящее время проживает в Тбилиси, Грузия. Детство и школьные годы провела в небольшом городке--- Дманиси. Закончила ПГПИИЯ - Пятигорский Государственный Педагогический Институт Иностранных Языков. Замужем, имеет сына и дочь. С удовольствием читает прозу и стихи автора, работа над переводом открыла много интересного, что оставляет желание и дальше сотрудничать с автором книги.

Аби Александр переключился на некоммерческий сектор после карьеры в банковском деле, в настоящее время работает директором по грантам в компании *"Search for Common Ground"*, Вашингтон, Округ Колумбии. Любовь к литературе - его любимое занятие.В настоящее время живет в Гринбелте, Штат Мериленд.

04   Трамваи прошлого

В некоторых бывших республиках Советского Союза старые линии трамвайных дорог были заменены асфальтированными дорогами, что спслсбствовало увеличению дорожного движения в несколько раз. Город в стихотворении (хоть и не упомянут) подразумевается Ереван, Армения .

" Жигули" и "Нива" - модели автомобилей, производятся российской автомобильной фирмой "Лада".

"Golf" - автомобиль модели "Volkswagen"

05   Ларнака бич

Ларнака - прибрежный курорт на острове Кипр.

Lazarus reborn: - согласно легенде , возвращенный к жизни Лазарь , стал первым епископом на Кипре.   Церковь Святого Лазаря находится всего в нескольких милях от пляжа Ларнака.

Ссылка Метью Арнольд, имеется в виду его стихотворение "Dover Beach"

06   Виза Армении

Барев дзес - вежливое и учтивое армянское приветствие

Армения , находясь между Европой и Азией, располагает лучшим из их культур. И не нужно долгой бюрократической волокиты и бесконечных проверок , как это часто бывает в странах Азии для получения зарубежных виз .

07   Двойной удар!

Strike- термин в бейсболе, возможны три   попытки попадания в мяч, находящегося в зоне удара.

Ball- термин в бейсболе, при поражении , поощрительные зазывы болельщиков в пользу игрока.

Бард - Шекспир, конечно-же, а цитата из - "Гамлета".

08   Феромон еды

Хорешт е горм - изысканное блюдо из баранины   или говядины с овощами и специями (особым спросом пользуется среди мужчин)

Dabbawallas - разносчики ланча, они собирают пакеты с ланчем из домов работников офисов и доставляют их в обеденное время в офисы, что позволяет служителям иметь домашнюю еду на рабочем месте.

09 Кириллица и старо-французский

Кирилл и Мефодий - Святые Кирилл и Мефодий были братья, изобрели письменность на Руси, которая использовалась и в ряде других славянских языков, оба были теологами, лингвистами и учеными.

Осетинский язык является языком северных осетин - выходцев из Алании, в Республике Северной Осетии, они также говорят на русском языке.

Je te pardonne: я прощаю тебя.

10 Одиннокий гусь

Большие стаи диких гусей из Канады создалипостоянное место проживания в северной части Соединенных Штатов, особенно в районе Чесаликского залива.

Иностранец - резидент - по законам США к иммигрантам в стране относятся также , как и к постоянным ее жителям.

11 Дама червей

"...можно улыбаться, улыбаться
И быть мерзавцем. Если не везде,
То, достоверно, в Дании." **"Гамлет", действие 1, сцена 5, 105 – 109**

"Отрубить ему голову! "   **Король Ричард Третий**

Дама Червей - персонаж из " Алиса в стране чудес" Люиса Кэррола. Она с легкостью выносит смертные приговоры за малейшую провинность. Ее излюбленная фраза- " долой их головы!"

12 Так мимолетно время!

Timurian: - имеется в виду Амир тимур, тот же Тамерлан или Тимур Лейм, жестокий и деспотичный правитель на территории нынешнего Узбекистана.

Чинар - разновидность дерева, произрастающего в Центральной Азии.

13 Трапеза и сожаление

Muhammara, deniz taragi, somon kebap (salmon kebab) - блюда Турецкой кухни.

Rize tea - Чай из Ризе.

Цицернакаберд: мемориал в Ереване, посвященный памяти почти двух миллионов армян, погибших в геноциде 1915 года, когда мужчин, женщин и детей вели через всю пустыню, обрекая их тем самым на смерть.

14   Призрак Юнг

Красная книга - широко известная книга, содержащая заметки и иллюстрации швейцарского психолога и психоаналитика С. Г. Юнга, опубликованные после его смерти в 1961 году. Юнг предложил и разработал

теорию интроверсии и экстраверсии.

Библиотека- крупнейшая библиотека мира, в Библиотеке Конгресса, расположенного на First Street SE, Washington, DC.

"Дракон с отрубленными конечностями и зияющие раны" - на иллюстрации Г. Юнга изображен человек, стоящий посреди отрезанных конечностей дракона, от куда хлещет кровь, он продолжает наносить удары мечом по зверю в полном неведении о возвышающейся я над ним и приближающейся
к нему сзади сердитой головы дракона.

"Другой дракон" - метро.

Гончие- имеется в виду " Гончие Небес" из известного стихотворения Френсиса Томпсона, где описано изгнание человеческой души духом Божьим.

15   11 сентября , 2010

"Планирует построить" - планы стпоительства мечети вблизи Ground Zero. "Угрозами сжечь" - угроза сжечь Коран, (впоследствии упразднена)

17   Заброшенное поле

Артур Кестлер, - венгр, автор множества романов, эссе, критик (Тьма в полдень, Возраст тоски, Йога и комиссар, и др.) . Он и его жена - Синтия покончили свою жизнь самоубийством 3 марта, 1983 году в Лондоне,

Следует отметить, что после переезда в Англию, с 1940 года, Кестлер   пишет исключительно на английском.

18   Недолговечная любовь

Роберт Фалкон Скотт- британский исследователь,
возглавлявший экспедицию в Антарктиду. Достигнув Южный Полюс,

команда была разачарована, обнаружив, что их почти на месяц опередила Норвежская экспедиция во главе с Р. Амундсеном. На обратном пути одиннадцати милях до места назначения их постигла буря, вся команда погибла. Р. Скотту было присвоено имя национального героя за его мужество и героизм.

19 Дерево скорби Беслана

Беслан - город в России, в Республике Северной Осетии - Алании, где в сентябре 2004 года в результате тер акта более тысячи учащихся и учителей были заложниками в школе №1 прежде чем были убиты 334 человек, среди которых большинство были дети.

Дерево Скорби - скульптура Алана Корнаева и Заурбека Дзанагова, возвыщающаяся над могилами убитых учеников и их учителей.

Инкрустированные в камне фото умерших у их надгробий - обычай в этом регионе.

Пельмени, окрошка, борщ - традиционные русские блюда.

Жижиг галнаш - традиционное чеченское блюдо из тушенного мяса.

Рог - Кавказский сувенир б кубок, сделанный из рога скота, для питья вина.

20 Последняя поездка

Хор Вирап - монастырь в Армении седьмого века, на границе с Турцией. Это - ближайшая точка в Армении к горе Арарат - национальному символу страны, однако гора Арарат в настоящее время находится на территории современной Турции.

Хор Вирап- буквальное значение слова - "глубокая яма", Это место, где Святой Григорий Просветитель был заточен. Посетители могут спукаться в эту яму по крутой вертикальной лестнице.

Сис и Масис - Фкьфтские названия пиков у подножия горы Арарат. Масис - большой пик имеет высоту 5137 м(16854 футов) и Сис - высотой в 3896 м (12782 футов).

Согласно легенде, Святой Григорий Просветитель(покровитель Армении) был заточен в глубокую яму жестоким царем - тираном - Трдат Третьим и оставался в Яме в течении тринадцати лет, пока царя Трдата не поразила гнусная болезнь, . Вспомнив про Святого Грегория Просвятителя, царь удивился тому, что тот еще был жив , приказал выпустить его оттуда , Святой исцелил царя, царь Трдат принял Христианство в 301 году став таким образом первым Христианским государством.

The author welcomes comments at:
aa-books@outlook.com

For more information about the author's books:
www.abiealexander.com

www.ingramcontent.com/pod-product-compliance
Lightning Source LLC
Chambersburg PA
CBHW051342040426
42453CB00007B/362